EVALUATION OF DOCTORAL RESEARCH POTENTIAL
AND INDIVIDUALIZED TRAINING OF DOCTORAL STUDENTS

博士生科研潜质
评价与个性化培养

陈震—— 著

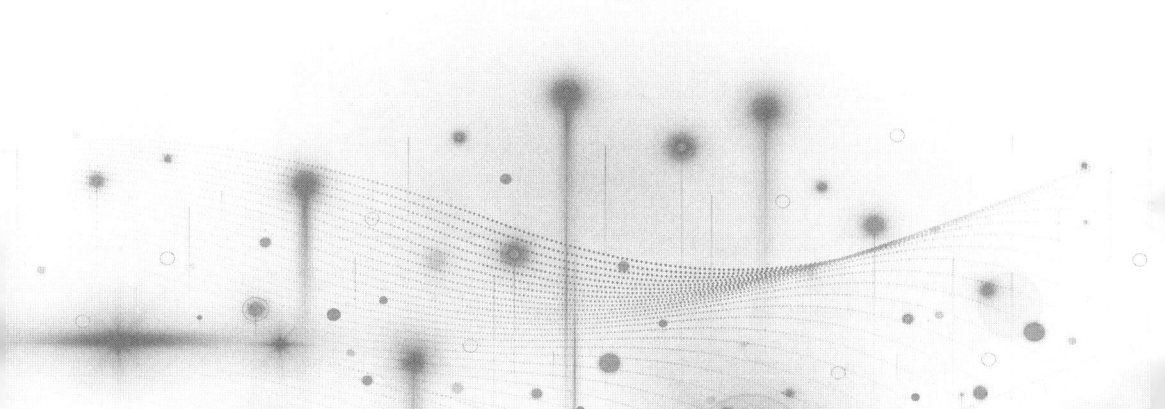

辽宁人民出版社

ⓒ陈震　2023

图书在版编目（CIP）数据

博士生科研潜质评价与个性化培养 / 陈震著 . —沈
阳：辽宁人民出版社，2023.8
ISBN 978-7-205-10809-0

Ⅰ . ①博⋯ Ⅱ . ①陈⋯ Ⅲ . ①博士生—科研能力—评
价—研究—中国 Ⅳ . ① G645

中国国家版本馆 CIP 数据核字（2023）第 142243 号

出版发行：辽宁人民出版社
　　　　　地址：沈阳市和平区十一纬路 25 号　邮编：110003
　　　　　电话：024-23284321（邮　购）　024-23284324（发行部）
　　　　　传真：024-23284191（发行部）　024-23284304（办公室）
　　　　　http://www.lnpph.com.cn
印　　刷：辽宁新华印务有限公司
幅面尺寸：170mm×240mm
印　　张：17
字　　数：250 千字
出版时间：2023 年 8 月第 1 版
印刷时间：2023 年 8 月第 1 次印刷
责任编辑：王　增
封面设计：G-Design
版式设计：李红梅
责任校对：吴艳杰
书　　号：ISBN 978-7-205-10809-0

定　　价：60.00 元

目 录

第一章 绪 论

　　创新是人类社会进步的灵魂、国家兴旺发达的不竭动力。纵观人类发展历史，世界各国综合实力的竞争，大多体现在核心科技创新上。人作为创新活动的主体，作为创新活动中最具有能动性的核心要素，决定着科学技术革新的速度和方向。其中高层次创新人才具有引领性、创新性、不可替代性的特点，使得高层次人才的作用，不仅体现在科技进步的直接创新方面，还体现在经济发展、产业革新和学科更新上。因此，提高国民素质和培养高层次创新人才是建设现代化强国的战略支撑，也是实现民族振兴、国家发展的最基本战略。正如《国家中长期教育改革和发展规划纲要（2010—2020年）》所言："中国未来发展、中华民族伟大复兴，关键靠人才，基础在教育。"

　　博士生教育作为国民教育体系的最高阶段，是培养高层次创新型人才和释放人才红利的主要途径。由于自然科学博士生的研究成果大多可以直接且迅速地影响到各个行业的技术革新，促进着国家科技创新和发展。因此，世界各国均将如何培养创新能力作为博士生教育特别是自然科学博士生教育的核心目标。我国《学位与研究生教育发展"十三五"规划》中就明确提出了博士生教育应当"把寓教于研、激励创新作为根本要求"。

学界关于如何培养自然科学博士生科研创新能力的理论、观点颇多。学者们围绕培养目标、招生标准、培养方案等自然科学博士生教育相关内容进行了多角度、多方位、多样化的探索和实践。纵观自然科学博士生培养的诸多理论和实践，发现自然科学博士生教育的过程基本上围绕招生和培养两个方面。但从研究结果来看能够有效提高自然科学博士生创新能力的研究不多。

基于"特质是创造力形成的重要因素"[1]这一观点，通过自然科学家特质的研究，分析自然科学博士生应具备潜质，并以此为基础编制《潜质问卷》（以下简称《潜质问卷》），构建《潜质体系》（以下简称《潜质体系》），探索自然科学博士生科研潜质的个性化培养途径，这样既可以为博士生招生提供更加科学、规范、公平、有效的评价工具，又能够为实现按照学生潜质优势开展个性化培养提供潜质甄别的方法，还将大幅度地提高自然科学博士生成为高层次人才的成功比例，提升自然科学学科高层次人才培养数量和质量，为国家储备大量高层次人才，真正实现培养高质量科研人才的目标。

一、研究背景

（一）现实背景

随着人类进入知识经济时代，科学技术逐渐成为人类文明进步的强大动力。进入21世纪后，科学技术发展日新月异，科技进步和创新

---

① ［美］R.Keith Sawyer. 创造性：人类创新的科学（第二版）［M］. 师保国等 . 译，
上海：华东师范大学出版社，2013.

愈益成为增强国家综合实力的主要途径和方式。依靠科学技术实现资源的可持续利用，促进人与自然的和谐发展愈益成为各国共同面对的战略选择，科学技术作为核心竞争力愈益成为国家间竞争的焦点。目前，我国已进入必须更多依靠科技进步和创新推动经济社会发展的历史阶段，科学技术作为解决当前和未来发展重大问题的根本手段，作为发展先进生产力、发展先进文化和实现最广大人民群众根本利益的内在动力，其重要性和紧迫性也愈益凸显。

科技发展的核心是科技人才的，博士生教育作为国家培养高层次人才的重要渠道，直接影响了国家科技创新能力。因此，招收和培养高水平的博士生是提高我国科技人才质量的重要保证。

世界各国均对博士生科研潜质做出了具体解释。以美国为例，美国学术界认为博士学位是学术专业的职前学位。20世纪末至21世纪初，美国博士教育的发展进入了新阶段，其支持的理念是："研究与实践是周期性与螺旋式并存的关系，知识应由专业人员在实际工作场景中创建和使用，以进一步解决专业领域中的问题。"[①]因此，美国高校特别关注博士申请者的知识背景及其在实际工作中创造的价值，并尤为重视对博士生分析和解决实际问题方面的培训。由于博士生的研究工作需要博士生与其导师团队之间的大量合作，因此美国大学除关注博士生的自身素质外，还非常重视博士生与导师团队的对应关系。

关于中国博士研究生培养目标的最原始描述可追溯到1980年版《中华人民共和国学位条例》。条例规定，博士学位授予者必须"在

---

① MAXWELL T. From first to second generation professional doctorate [J]. Studies in Higher Education, 2003, 28（3）：279-291.

本门学科上掌握坚实宽广的基础理论和系统深入的专门知识；具有独立从事科学研究工作的能力；在科学或专门技术上做出创造性的成果"。[1]按照条例的规定，中国制定了一系列博士生培养政策，特别是2013年3月29日国家发改委、教育部和财政部联合发布的《深化研究生教育改革的意见》，就提高研究生教育教学质量，进一步深化研究生教育改革，从博士研究生选拔、培养、导师权责、评价监督机制、深化开放合作、强化政策条件保障和加强组织领导七个方面对研究生教育提出了新的要求。其中，"评价监督机制改革"中要求"改革质量评价机制：颁布培养单位质量评价体系建设规范；按照一级学科和专业学位类别分别制定博士、硕士学位基本要求；学术学位注重学术创新能力评价，专业学位注重职业胜任能力评价；研究生教育质量评价要更加突出人才培养质量，人才培养质量评价要坚持在学培养质量与职业发展质量并重；强化质量在资源配置中的导向作用"。基于这一要求，自2013年以来，清华大学、北京理工大学和山东大学等大学和研究所相继颁布了严格遵守国家政策要求的博士招生计划。

在此背景下，为进一步贯彻党的十九大精神，在《统筹推进世界一流大学和一流学科建设总体方案》《关于高等学校加快"双一流"建设的指导意见》的指导下，各大高校均建立了基于博士生科研成果评价的博士生科研能力评价指标体系。从总体来看，全国各大博士生培养单位招生简章大同小异。其中，实施评估制度的大学一般要求申请人提供材料分为基本标准材料和特殊标准材料两种。基本标准材料包括：①证明申请者身份信息的材料，如身份证、报名登记表等；②

---

[1] 国务院学位委员会. 中华人民共和国学位条例暂行实施办法［M］. 北京：法律出版社，1981.

毕业院校的正式成绩单原件；③具有正高级职称专家亲笔填写、签字并加盖个人印章或所在单位印章的推荐书两份；④全国大学英语四、六级证书或其他证明英语水平的考试成绩单复印件。特殊标准材料一般要求申请者提供能够证明其学术能力和学术潜能的材料。以北京大学为例：北京大学要求申请人提供硕士学位论文（在读研究生可以提供摘要，论文目录等）和个人陈述（包括所要求的专业知识和学位论文简述）；研究计划（约3000字）。由此可见，我国高校对于博士申请者的能力要求主要集中于学术能力方面，表现在以下几点：①申请人以前的学习经历（履历）；②过去的学术成就（学术论文、课题或相关奖项）；③未来博士研究的展望（研究综述）①。

但是，现阶段"考核制"招生中缺乏对于考生各方面综合评判的量化标准和指标体系。如西安交通大学招生评分标准为：申请者的最终得分由基本情况及前期成果、学术报告和科研计划报告三部分构成。其中，基本情况及前期成果占分数的25%，学术报告占40%，科研计划报告占35%。招生时导师以组为单位进行打分，每组导师去掉最高和最低分数后的加权平均分即每位考生的综合得分。尽管基本情况及前期成果、学术报告和科研计划报告中能够体现一个申请者的语言表达、外语水平、创造力等多种能力，但是现有标准并未给出各项能力的评价标准，考生各项能力的评判依靠导师组的经验，未免略显武断，所以建立直观评价博士生科研潜质水平的量化标准势在必行。

综上所述，在国家急需加强博士生科研创新能力培养的今天，深入挖掘博士生科研潜质的内涵，并以此建立客观的评价指标体系，为

---

① 北京大学 2020 年博士研究生招生简章（校本部）［EB/OL］. https://admission. pku.edu.cn/.

博士生个性化培养提供服务是很有必要的。

（二）理论背景

教育评价从19世纪50年代至今一百余年的发展历史，经历了心理测验、目标中心、标准研制、结果认同四个阶段。其中，心理测验阶段，教育评价目标与定量考试类似，目的是量化儿童的考试成绩；目标中心阶段，教育评价以教育目标为原则，将教育评价与教育测量进行区分；标准研制阶段，学者将教育评价应用于评价教育目标的完成情况；结果认同阶段，教育评价开始重视个体对于评价结果的认同。

教育评价理论发展依赖于心理测评理论、教育目标理论、扎根理论、社会建构理论、个性化教育理论等的发展。

首先，心理测评理论是最初与教育评价理论相结合的理论。其主要体现在教育评价理论中"测量"和"判断"特性中，由于教育评价理论的最初目的是得出以儿童为被试准确可靠的教育数据，主要追求评价方法与测验结果的客观性与普遍性，测量的内容主要是儿童的发育状况、教育过程中的心理特征、教学结果的体现（测验分数）等，因此，在教育评价理论的发展初期便应用了大量心理学中心理评价理论的相关内容（如心理统计学），并沿用至今。

其次是扎根理论和个性化教育理论。从教育评价的发展历程来看，最初的研究者认为学生在某一阶段达到的目标应当是统一的，这也是应试教育的源头，但是学生作为个体的，具有多元化的特征，就使得学者必须从个体出发，扎根于个体成长的环境中，制定评价标准，多方面评判学生的成长。在此背景下，扎根理论和个性化教育理论开始被教育评价的学者们应用于测量学生成长发展状况和能力倾向评判之中。

最后是社会建构主义。20世纪80年代，学者开始关注教育建构的过程、方法和特征。这一类学者主要以"知识结构+认知结构+思维模型"为基础，从语言和认知的角度对教育的发展过程进行甄别和判断，并以此对学生发展做出预测。

教育评价理论及其相关理论和方法发展至今已应用于教育学相关的各个领域之中，特别是博士生教育评价领域，学界已获得了大量较为卓著的成果，但仍存在一定欠缺。

首先，传统的博士生科研能力和科研潜质的评价机制呈现出导师导向和管理导向的特点，这不可避免地造成了博士生科研能力和科研潜质评价的"评价主体"——博士生"缺位"现象的发生。评价指标体系偏重资源输入和学术产出，而对于博士生自身的因素（科研相关特质、创新能力、思想品德等）仅作出经验性的考评，导致博士生只重视学术成果产出而不重视自身能力提高，从而导致了学术功利化。

其次，国内关于博士生科研水平评价的"评价内容"，多聚焦于培养过程中的相关因素，如公开发表论文数量、学位论文质量等因素对博士生科研水平的影响，呈现了"结果导向"的特点，缺乏从博士生个体出发分析博士生科研发展水平的评价。学者们对博士生科研能力、水平和影响因素的相关内容进行了集中讨论，深入剖析了影响博士生科研水平相关的师生关系、课程成绩、教学内容等一系列因素，获得了较为卓著的研究成果。但这些学者很少将研究视角聚焦于博士生个体，对博士生个体特质发展的关注较少，特别是涉及博士生科研创新特质的研究较为匮乏。

最后，从现有研究来看，学界对"人"这个创新主体，特别是博士生本身的特质或者说科研潜质的关注相对较少。在已有研究中，大多数学者将人格特质相关因素、人口学相关因素（如性别、年龄、婚否等）、外界环境相关因素（如导师教育时间、课程课时长度等）混为一谈，其测量指标呈现同质化，模糊了三者之间的关系。

基于教育评价理论在博士生教育评价应用过程中的现状，笔者在应用教育评价理论及其相关理论和方法的基础上，选择借助创造学中创新特质理论以及其相关研究，来解决博士生教育评价理论应用过程中评价主体、评价内容和对博士生个体关注缺失的理论缺欠。

创新特质理论起始于创造学个体取向主义的相关研究，从罗纳德·麦金农（Donald MacKinnon）在1978年关于创造人格的论文开始，至今已经对于科学家、艺术家、建筑师、文学家等创造力相关职业的特质和特质类型建立了相对完整的理论体系，并且在社会建构论和话语分析以及统计学相关工具的影响下，不断完善[①]。科学研究作为创新活动，科学家作为科技创新主体，运用创新人格理论可以有效地获得科学家特质，即博士生——未来科学家的科研潜质。因此，本研究希望从创造型特质的角度对博士生科研潜质进行测量，并形成完备的指标评价体系，有利于博士生招生制度的完善和个性化人格的培养。

二、研究意义

（一）理论意义

通过对自然科学家特质的研究，发现了体现自然科学博士生科研

---

① D.W. MacKinnon. In search of human effectiveness [J] . 1978.24-17.

成就相关潜质的各项指标，形成了《潜质体系》，为自然科学博士生招生和个性化教育提供学理依据，为自然科学博士生科研潜质的科学评价提供理论工具，为我国高校建立更加完备可行的自然科学博士生个性化教育体系提供理论支持，以提高博士生教育质量。

（二）现实意义

本研究依据人格特质发展的特点，考察我国自然博士生培养机构对于博士生教育的实施现状，剖析自然科学家特质和自然科学博士生科研潜质各自内部成分间的逻辑关系和量化关系，进而提出自然科学博士生基于科研潜质评价指标体系的招生和个性化教育的具体建议，为自然科学博士生招生和个性化教育提供了现实工具，为自然科学博士生招生和个性化教育指明了方向，对各博士生培养单位进一步开展博士生招生和个性化教育工作具有一定的实践意义。

三、文献综述

本书的研究目的是构建基于自然科学家特质分析的"潜质体系"。因此，以下从博士生教育目标、人格特质、科学家特质、博士生评价、个性化教育和培养五个方面，进行与本研究相关内容的文献综述。

（一）关于博士生教育目标的研究

教育目标是教育理论研究和实践活动中不容忽视的重要概念。根据《现代汉语词典》，"目标"是指"想要达到的境地或标准"[①]。

---

① 中国社会科学院语言研究所词典编辑室．现代汉语词典［M］．北京：商务印书馆，2018：928.

教育目标是关于在某些教育目标和约束条件下，教育活动预期结果的"规则"，即学生的预期发展状况。教育的目标是指通过教育使人们成为"何种人"的期望和要求，其对象是作为主体的人。此外，博士生的教育目标也与学术和社会期望密切相关。

教育目标定义了教育活动的性质和方向，是教育工作的起点和终点。教育目标主要三个特征：定向、调节和评估。定向特征，意味着教育目标对教育活动和人类发展方向的制约。调节特征，意味着教育目标在教育实践活动中支配、发挥、调节和控制方面的作用。评估特征，强调教育目标可用视为基本价值标准，以测试和评价教育质量以及教学实践的作用。

1. 国内研究

现代博士教育始于19世纪初期的德国，早期博士教育的任务是培养从事基础理论研究的大学教授和科学家。随着社会的发展，博士学位教育的教育目的也随之发生变化，博士学位获得者不仅参与教育和科学研究，而是开始进入公司、政府和社会管理部门，成为先进技术研发人员和专业化高级管理人员。

关于博士教育目标的讨论，比较有代表性的集中于以下几个方面：

首先，从博士的就业角度考虑博士的教育目标。李宗芸认为应基于博士身份的特点，与国家建设、社会发展相对应的高素质人才的发展要求相适应，并根据师资力量、研究经费和研究条件设定教育目标（李宗芸，2011）[1]。

---

[1] 何金华，李宗芸，潘沈元 . "国培计划"研修项目实施效果的调查研究——以徐州师范大学高中生物班子项目为例［J］. 徐州师范大学学报（教育科学版），2011（3）：35-38.

其次，基于博士教育自身考虑博士教育的目标。一些学者认为，博士教育的目的是培养"专业研究人员"，特别是训练具有独特学术研究和教学能力的人才，以满足大学和科研机构的人才需求。"学术性"是博士教育领域主要的价值导向（胡仲明，2003）[①]，这与其他领域的博士课程教育目标亦有所不同。例如，化学和经济学等学科具有追求目标理性的学科文化，而博士学位教育的目的是培养从事与文化观念相匹配的学术和非学术职业的人才为目标。而英语和数学领域，则追求价值理性文化，对纯价值知识的偏好本身决定了这些领域的博士教育目标主要限于学术人才，因此也应加强博士生教学能力的培养（彭树智，2003）[②]。一些学者还指出，随着社会需求的变化，针对某些具有特殊社会需求的学科：法律、临床医学、公共卫生、工商管理、工程学等。应针对特殊专业建立试点，实行"特事特办"，解决"学非所用"的问题，以满足社会需求（赵世奎，2010）[③]。

最后，从博士教育的"目标内涵"出发，思考博士教育的目标。传统观点的教育目标包括"一些相互联系和独立的组成部分，例如德育、智育、审美教育"。这里"连接和独立的组件"实际上是教育目标的要素。基于这种观点，教育目标要素的学术观点主要分为"三要素理论""四要素理论"和"五要素理论"。所谓的"三要素理论"是将教育目标概括为三个基本要素：德育、智育和体育。"四要素

① 胡仲明，崔国富.博士生科研创新能力培养的理论与实践探索[J].高等农业教育，2003（10）：78-80.
② 彭树智.略谈博士生的学术个性化培养[J].学位与研究生教育，2003（1）：20、21.
③ 赵世奎，沈文钦.博士就业的多元化与我国博士教育目标定位的现实选择[J].教育与职业，2010（27）：14-16.

理论"和"五要素理论"是分别在此基础上增加了审美教育和劳动教育。但是，这些因素仍然是对教育和教育人才预期结果的高度抽象，本质上属于教育的目的，燕京晶认为"这种直接将教育目标的要素作为教育要素的传统观点和方法缺乏科学证据"（燕京晶，2010）[①]。近年来，中国的高等教育，在改革和发展中已经将"知识""能力"和"质量"三个概念融合进当代博士生教育理念中。这三个概念是博士教育的核心概念，是相互联系、相互制约和缺一不可的，因此邵红霞、魏玉梅和邹香云此方面学者提出"完全可以用知识、能力和素质这三个概念取代德育、智育和体育"作为教育目标的基本要素（邵红霞，2015；魏玉梅，2015；邹香云，2013）[②③④]。潘文立和李长林认为，博士是具有研究能力和反思能力的科技工作者。不仅要具有较强的专业技能，善于解决专业领域中的复杂难题，还要具有较强的专业研究能力，承担产生专业知识的责任，为专业实践知识的发展做出创造性的贡献。因此，"研究"是博士教育最主要的价值取向（潘文利，2005；李长林，2004）[⑤⑥]。

① 燕京晶.中国研究生创造力考察与培养研究［D］.合肥：中国科学技术大学，2010.56、57.
② 邵红霞，刘晔，曾文姣，等.学业困难医学生的个性化指导模式构建及实践［J］.基础医学教育，2015，17（12）：1121-1123.
③ 魏玉梅.斯坦福大学高等教育学博士研究生课程体系特点及其启示［J］.比较教育研究，2015，37（6）：51-56.
④ 邹香云，程宜.工程博士培养质量保障体系初探——以华中科技大学机械学院为例［J］.继续教育，2013，27（8）：29、30.
⑤ 潘文利.美国博士生教育的质量保障机制研究［D］.长沙：湖南师范大学，2005：42-46.
⑥ 李长林.论"二八定律"与人才个性化培养［C］.高等教育国际论坛.2004.904-909.

2. 国外研究

西方发达国家在博士学位教育发展方面的目标定位主要包括：基于教职定位的博士学位教育；以学术研究为导向的博士学位教育；基于技术岗位导向的专业博士教育。以学术研究岗位为导向的博士学位教育是传统且最常见的模式，基于技术岗位培养的专业博士则是近年来逐渐兴起的新模式。

目前，以研究为导向的博士生教育模式和以技术岗位为导向的博士生教育模式正在逐步融合，成为西方发达国家博士教育的主要特征。以法国、英国、德国和美国的博士教育发展为例，博士教育目标的发展和变化可以分为四个阶段：13至18世纪，以教学岗位为目标的法国博士生教育；19世纪，以德国为代表的学术型博士；20世纪初至20世纪70年代末，以美国为代表的研究型、专业型博士融合阶段；20世纪80年代的研究型、专业型、技术型博士教育完全融合阶段。国外博士教育目标的大多数研究一般都是基于本国自身博士教育问题展开的。例如，美国学者认为，博士教育问题主要集中在以下几个方面：

首先，从博士教育本身的角度思考美国博士教育的目标。费尔宾格（Felbinger）、霍尔泽（Holzer）和怀特（White）通过美国博士学位的讨论，认为美国博士教育存在四个问题。第一，大多数博士生在获得博士学位时没有发表过有贡献的文章。第二，只有少数博士生在毕业后从事学术工作。第三，许多论文的质量很低。第四，从性别来看，女性博士没有受过良好的教育训练（费尔宾格，霍尔泽，怀特，1999）[1]。基于费尔宾格、霍尔泽和怀特的成果，乔迪·奈奎斯特（Jody Nyquist）和唐纳德·H. 沃尔夫（Donald H. Wulff）依据美国博士学位教育研究的现状，总结了美国博士学位教育的三个主要问题。第一，博士教育不能满足社会的需求；第二，博士生缺乏系统和发展性的职业培训；第三，博士生辍学率高（乔迪·奈奎斯特，唐纳德·H. 沃尔夫，2004）[2]。

其次，从就业角度思考美国博士学位教育的目标。一些学者认为，随着社会对博士需求的日益多样化，博士学位的传统教育目的（学术训练）和博士学位的实际使用已逐渐分离。传统"学术"模式下的博士研究生教育已不能满足行业和社会需求（菲利普·G. 阿尔特巴赫 Philip G. Altbach，2004）[3]，具体表现为，来自政府和社会的研究经费正越来越多地影响博士教育；学习不能为未来的教师职位提供更多指导，而且许多受过博士教育的博士生不会在获得学位后参与科学研究和相关工作（加文·肯德尔 Gavin Kendall，2002）[4]。

最后，根据博士教育的质量来思考美国博士教育目标。乔迪·奈奎斯特和唐纳德·H. 沃尔夫总结了美国博士教育研究的现状以及美

---

[1] C.L.Felbinger, J.D.White.The doctorate in public administration: Some unresolved questions and recommendations ［J］.Public Administration Review, 1999, 59（5）.

[2] Jody Nyquist, H Donald.Wulff.Recommendations from National Studies on Doctoral

[3] Philip G. Altbach, European Higher Education Society. Globalisation and the University Myths and Realities in an Unequal World［J］. Tertiary Education and Management, 2004, 10（1）.

[4] Kendall, Gavin. The Crisis in Doctoral Education: A sociological diagnosis［J］. Higher Education Research & Development, 21（2）:131-141.

国博士教育的三个主要问题：博士教育缺乏系统性、缺少发展性职业培训、博士生辍学率居高不下（乔迪·奈奎斯特，唐纳德·H. 沃尔夫，2004）。

因此，基于以上问题，众多学者对教育目标提出了一系列观点，主要包括以下几个方面：

首先，从能力教育的角度思考博士教育的目标。一些学者认为，博士生应当获得的四个主要技能分别是基本技能、沟通技能、求职技能和进阶技能（贝丝·A. 菲舍尔Beth A. Fischer， 迈克尔·J. 齐格蒙德Michael J. Zigmond，1998）[1]。在此基础上，另一些学者认为，从能力角度上博士教育的目标应当是训练开展原创性研究、培养教师、训练教育学术部门的管理者和提高学术界以外劳动力市场所必需的相关技能。（布鲁斯·W. 斯派克Bruce W. Speck，2003；苏珊·K. 加德纳Susan K. Gardner，迈克尔·T. 哈夫斯Michael T. Haves，X. N. 内德Xyanthe N. Neider，2007）[2][3]。

其次，从就业的角度思考博士教育的目标。图恩（Thune）认为，博士学位是唯一适合高等教育教学职位的学位，一般传统的博士学位教育可以看作为学术职业做准备。然而，不同国家的数据显示，随着对知识型劳动力市场的需求，社会各界均需受过博士

---

[1] B. A. Fischer, Zigmond M. J. Survival Skills for Graduate School and Beyond [J]. New Directions for Higher Education, 2010, 1998（101）:29-40.

[2] B. W. Speck. The role of doctoral programs in preparing faculty for multiple roles in the academy [J]. New Directions for Higher Education, 2003, 2003（124）:41-55.

[3] S. K. Gardner, M. T. Hayes, X. N. Neider. The Dispositions and Skills of a Ph.D. in Education: Perspectives of Faculty and Graduate Students in One College of Education [J]. Innovative Higher Education, 2007, 31（5）:287-299.

教育的研究人员，并且由于知识经济的发展影响，学术行业趋近饱和，博士毕业生不再寻求学术界的工作。因此，随着博士教育规模、劳动力市场和知识生产方式的扩大，博士教育的目标也应当逐步随之变化，让博士教育能够适应社会各个方面和领域的需求（图恩，2009）[①]。

再次，从博士生教育过程上思考博士教育的目标。埃莉诺·L. 卡茨（Elinor L. Katz）认可内拉德丹德·塞尔尼（Neradand Cerny）关于博士学位分级的观点。埃莉诺·L. 卡茨认为博士教育分为五个层次：①课程研究；②包括口试或笔试的资格考试；③确定论文选题和导师；④论文写作；⑤获得工作职位。另外，还讨论了论文的两个目的：①论文是强化的专业培训；②宏观环境（社会、学校）和微环境（博士生导师、博士生）在论文过程中的作用，并提出了一些建议。例如，鼓励博士生入学后立即参加科学研究。课程应当重视方法的传授（埃莉诺·L. 卡茨，1997）[②]。约翰·W.克雷斯韦尔（John W. Creswell）和盖里·A. 米勒（Gary A. Miller）则探讨了在社会学和教育科学中，研究方法对于博士教育的影响，着重讨论了研究和分析方法对博士论文选题、导师选择和论文答辩的影响（约翰·W. 克雷斯韦尔，盖里·A. 米勒，1997）[③]。雷蒙德·C. 克鲁弗（Raymond C. Kluever）认为，研究经验和课程学习的紧密结合可以为毕业论文

---

① Thune T. Doctoral students on the university-industry interface: a review of the literature [J]. Higher Education, 2009, 58（5）：637-651.

② Lester F. Goodchild, Kathy E. Green, Elinor L. Katz. Editors ［ J ］. 1997（99）:1-3.

③ John W. Creswell, Gary A. Miller. Research Methodologies and the Doctoral Process [J]. New Directions for Higher Education, 2002, 1997（99）:33-46.

工作打下良好基础；论文阶段和课程学习阶段之间存在很大的差异；老师仅在论文的研究方向上提供了一些支持，学生主导论文的完成，学生与老师之间是一对一的关系（雷蒙德·C. 克鲁弗，1997）[1]。克里斯·M. 戈尔德（Chris M. Golde）和汉娜·艾丽丝·盖勒（Hanna Alix Gallagher）分析了在博士教育中开展跨学科研究的难度，提出增加与多学科相关的博士课程，重建研究生院以及加强博士生心理疏导等建议（克里斯·M. 戈尔德，汉娜·艾丽丝·盖勒，1999）[2]。加文·肯德尔（Gavin Kendall）的建议是：因为美国高等教育教师职位比研究职位更多，博士教育应该更加重视教学方面的培养；某些特定专业应提供更多的毕业生为工商业服务；减少博士生招生，集中资源培养精英；博士学位教育应侧重于跨学科研究和跨国际研究（加文·肯德尔，2002）[3]。菲利普·G. 阿尔特巴赫（Philip G. Altbach）认为，美国博士学位模式主要包括三个部分：课程研究、资格测验和学位论文写作。其中，课程研究是博士教育计划的基础部分，论文是博士教育计划的关键要素（菲利普·G. 阿尔特巴赫，2004）[4]。

最后，从制度建构角度考虑博士教育目标。乔迪·奈奎斯特和唐

[1] Lester F. Goodchild, Kathy E. Green, Elinor L. Katz. Editors\" Notes [J].1997（99）:1-3.

[2] Chris M. Golde, Hanna Alix Gallagher. The Challenges of Conducting Interdisciplinary Research in Traditional Doctoral Programs [J]. 2（4）:281-285.

[3] Kendall, Gavin. The Crisis in Doctoral Education: A sociological diagnosis[J]. Higher Education Research & Development, 21（2）:131-141.

[4] Philip G. Altbach, European Higher Education Society. Globalisation and the University Myths and Realities in an Unequal World [J]. Tertiary Education and Management, 2004, 10（1）.

纳德·霍夫作为"满足21世纪社会需求的博士学位重建计划"的负责人，对美国博士教育问题进行了全面分析，并提出了八项针对美国博士教育的建议：

（1）明确博士教育的内容和要求。学校、研究生院和导师必须采取不同的方法向博士生解释其教育的课程、标准、要求和学习方向。（2）为博士生提供出色的指导，包括可选择的导师、写作技巧指导、为博士生和导师提供反馈和沟通渠道以及各种职业指导。（3）提供多方面的博士生职业选择：①收集博士生不同的就业需求。②博士生应有机会了解大学使命和大学老师的角色。③博士生应有广泛的机会获得各种长期、短期或兼职工作机会。④加强教学过程培训，应根据教学规则，对博士生进行不同背景的教学。博士生需要具备在各种情况下演讲的能力。⑤应该采取更加系统和长期的措施来增加知识来源的多样性，尤其是招募有色人种和女性完成研究。⑥培养与社会和世界经济密切相关的学术公民。教师应鼓励博士生的专业工作与其他职业、社会、世界相互联系，并鼓励博士生将其学术活动应用于社会。⑦平衡学科与学科间研究，以便跨学科内容成为博士学位教育的一部分。鼓励博士生在研究过程中与其他领域的导师合作。⑧为博士生提供更多的跨学科研究项目，使参与博士教育的每个角色成为伙伴关系。这些角色主要是指提供博士教育的大学职员角色、为博士教育提供经费的角色（政府、基金会、商业界）、雇主的角色（大学、商业界、政府、非政府组织）以及影响博士教育制度的角色（学术机构、教育协会、评估机构和政府委员会）等（乔迪·奈奎斯特，唐纳德·H.沃尔夫，2006）[1]。

（二）关于特质的相关研究

当前，在国内学术界使用最广泛的特质研究是西方特质量表的本土化，例如EPQ-RSC量表、16PF量表和NEO PI-R量表。

这种类型的研究基于中国人的人格结构与西方人的人格结构完全一致的假设。"量表本土化"主要涉及两个方面：第一，删除了不符合中国文化特征的项目；第二，针对每个子量表，对原始模型进行探索性因子分析并剔除明显不合理的题目。上述研究已在中国文化背景下得到证实，但引起了许多学者的怀疑和批评。这些怀疑和批评包括：西方特征理论可以融入中国文化吗？西方特质量表可以衡量中国人的特质结构吗？学者们在这两个问题上进行了诸多讨论。杨国枢和彭迈克通过词汇学研究方法探索了"中国人描述性格所用的基本向度"。结果表明，用150个单词描述的4个不同目标字符，总共得到4到5个关键元素。与西方研究不同的是，"善良诚朴——阴险浮夸""精明干练——愚蠢懦弱"和"热情活泼——严肃呆板"这三种没有在西方研究中显现的特质，显现在了中国人的特质类型之中（杨国枢，彭迈克，1984）[2]。张建新和周明杰提出了特质"六因素"假设（SFM），并在"六因素"模型比较了中美样本中"人际（IR）"和"开放性（O）"相关维度的显性/隐性。研究表明，特质是具有文化特定性的，西方人格模型并不能完全适用于中国文化背

---

① Donald H. Wulff, Jody D. Nyquist, Robert D. Abbott. Students' perceptions of large classes [J]. New Directions for Teaching and Learning, 2006, 1987（32）:17-30.

② 杨国枢.中国人的心理 [M].台北：桂冠图书公司.2006:234.

景（张建新，周明洁，2006）①。

1. 国内研究

关于中国个体特征的相关研究主要包括中国人个性量表和中国人特质量表。

（1）中国人个性量表（CPAI）。诸多研究表明，西方特质模型和量表在跨文化背景下具有一定的局限性，并且一些中国文化中的元素，例如"个人""面子"和"和谐"等概念无法显现。因此，国内学者开始在中国文化的背景下编制特质量表。代表之一是中国科学院心理研究所宋维真、张建新、张建平②和香港中文大学张妙清、梁觉于20世纪90年代编制的中国人个性量表（Chinese Personality Assessment Inventory，CPAI）③，CPAI量表构建按照人格测验的编制过程，采用合理建构法、实践标准法和因子分析法来编制量表。完整量表由22个正常特质量表、11个病理特质量表和2个效度量表组成，除效度量表外，每个量表平均包含15题，共510题。经测试，量表具有显著的信度和效度，正常人格量表可分为四个要素：可靠性、中国人传统性格、领导性和独立性。两个病态要素：情绪问题、行为问题。 CPAI的编译过程实际上是具有中国特色的研究过程。但是，一些学者指出，方法上的局限性使他们无法掌握中国特色的整体情况。此外，该量表的编制是从大量文献中选择的特质维度，因此很难

---

① 张建新，周明洁. 中国人人格结构探索——人格特质六因素假说 [J]. 心理科学进展，2006，14（4）:574-585.

② 宋维真，莫文彬，张建新. 中国人个性测查表（CMPI）的编制过程 [J]. 心理科学进展，1992，10（1）:66、67.

③ 宋维真，张建新，张建平. 编制中国人个性测量表（CPAI）的意义与程序 [C]. 全国第七届心理学学术会议文摘选集. 1993.

涵盖所有特质。

（2）中国人特质量表（QZPS）和中国人特质七因素模型。目前，完全源自中国本土的特质研究仍处于起步阶段，众多国内学者对此进行了尝试。其中较为成熟的是北京大学心理学系王登峰和崔虹开发的中国人特质量表（QZPS），该量表采用西方人格研究方法（即词汇假设）来探索中国人格结构。他们选择了1520个形容词进行了好恶度、意义度、熟悉度和现代性的评估，提取了410个形容词作为代表国人描述他人的代表性样本。来自全国各地（包括台湾省）的1400测试人员评估了每个单词的解释程度，最后进行因子分析，从而获得了中国人特质量表。QZPS表有180个题目，合群、活跃、乐观、真诚、利他、重感情、耐性、爽直、敢为、机敏、坚韧、热情、宽和、沉稳、自制、严谨、自信、淡薄18个因子，通过因素分析得出七个维度包括外向性、善良、情绪性、才干、人际关系、行事风格和处世态度（王登峰，崔红，2003）[①]。

2. 国外研究

从发展进程来看，国外特质相关研究包括以下五个方面：

（1）Allport特质（个性）理论。1921年，美国心理学家奥尔波特（Allport）在《特质：分类与测量》中提出了特质的概念，之后在《人格类型的成长》中形成了完整的特质理论（Allport，

---

① 王登峰，崔红. 中国人人格量表（QZPS）的编制过程与初步结果［J］. 心理学报 2003（01）：129-138.

1921；Allport，1961）①②。奥尔波特认为，特质是人的"心理结构"，是"神经特质"，有"控制个人行为的能力"。这种"神经特征"规制了人以独特的方式感知外界并对各种情况做出反应。Allport还将特征分为一般特质和个人特质。一般特质是指大多数人或群体在特定社会和文化形式下具有的相同特征，可用于比较特定文化背景下人与人之间的差异。个人特质是个人特有的，个人特质可以根据个人在生活中的作用，具体分为三种类型：①首要特质，指个人生活中最常见的、最典型基本特征，首要特质影响个人行为的各个方面；②中心特质，构成一个人单独特征的几个重要特征，通常为5~10种，它描述了人的特点；③次要特质，是个人仅在特殊情况下出现的特质，并且此特质普遍性因人而异（Allport，1937）③。

（2）Cattell的16人格量表。美国著名心理学家卡特尔（Cattell）认为，16人格量表研究的主要目的是发现人有多少种不同的特征，因此在进行这项研究之前，不应该预设特质目录。卡特尔使用人格特质分层来表达人格结构：第一层分为个别特质和共同特质；第二层为表面特质和根源特质；第三层包含在根源特质下；第四层为动力特性、能力特性和气质特性。卡特尔（Cattell）使用因素分析得出了16种特质，并编纂了16人格因素测试（16PF）。16PF可以预测被试的工作稳定性、工作效率和压力承受能力，并为人员决策和诊断提供相关参考，

① Allport G. W. Review of The Psychology of Learning [J] . Journal of Abnormal Psychology & Social Psychology, 1921.

② Allport, Gordon W. Comparative psychology of mental development [M] . New York（Science Editions）1961.

③ Kenneth H. Craik. The 1937 Allport and Stagner Texts in Personality Psychology [M] . Fifty Years of Personality Psychology. Springer US, 1993.

因此广泛用于心理咨询领域和人力资源领域（卡特尔，1995）[①]。

（3）艾森克（Eysenck）特质层次理论。艾森克继承了前人研究成果，并分析了从实验、测量和观察中获得的许多数据，从而提出了特质层次理论。艾森克将特质层次分为类型、特质、习惯反应和特殊反应四个水平，并提出了内省型—外向型、神经质、精神质、智力、保守—激进的五个方面。艾森克于1975年开发了EPQ人格量表（Eysenck，1975）[②]。EPQ是一种自我报告式量表，分为两种形式：成人（90项）和青年（81项）。各包括E（内倾—外倾）、N（神经质）、P（精神质）和L（伪造或自身隐蔽）四个部分。由于该量表具有很高的信度和效度，其结果得到了数学统计和行为观察的支持，因此被广泛应用于医学、教育和司法领域。中国在1980年初开始采用艾森克人格量表，1981年，陈仲庚对其进行了修订（陈仲庚，1981；Sanderman R.，1991）[③④]。

（4）人格五因素模型。目前，对FFM（五因子模型）的研究已经取得了令人瞩目的成就，并且在各种文化背景的众多研究中证实了其稳定性。以词汇研究为重点的早期人格模型词汇研究试图描述和分析自然语言中的特征，以建立基于词汇假设的人格维度。许多词

① CATTELL, HEATHER E. P. SOME COMMENTS ON A FACTOR ANALYSIS OF THE 16PF AND THE NEO PERSONALITY INVENTORY-REVISED [J]. Psychological Reports, 77 (3f) :1307-1311.

② H J Eysenck. The Future of Psychiatry[J]. The Lancet, 1975, 1(7918):1239.

③ 陈仲庚 . 西方变态心理学历史发展的四次变更 [C]. 中国心理学会第三次会员代表大会及建会 60 周年学术会议（全国第四届心理学学术会议）文摘选集（下）.1981:1147.

④ Adelita V. Ranchor, Robbert Sanderman. The role of personality and socio conomic status in the stress-illness relation: A longitudinal study [J]. European Journal of Personality, 1991, 5 (2):93-108.

汇研究已经证明，用于描述英语特质的术语主要由五维特质组成。由Costa和McCrae编制的NEO-PI量表后来被修订为NEO-PI-R，每个维度级别的子量表共有48项，总模型共有240项。典型的五级人格量表包括霍根个性量表（HPI）和大五特质量表（BFI），主要用于人员选拔，职业指导和个人评估（Piedmont R. L., Bain E., Mccrae R. R., et al., 2002）[1]。

（5）人格七因素模型。在研究五人格模型的过程中，许多学者指出了NEO-PI-R量表在单词选择方面的两个缺点：第一，NEO-PI-R人格模型的单词选择不能代表自然语言特征的所有方面。第二，因子分析的标准过于主观。鉴于以上原因，Tellegen和Waller（1987）提出了七因素人格模型，引领探索和改进理论与方法的道路（Tellegen，Waller，1987）[2]。他们使用随机分层抽样来提取400个形容词，运用因子分析得出人格的七个维度，包括正情绪（PEM，Positive Emotionality）、负价（NVAL，Nagetive Valence）、正价（PVAL，Positive Valence）、负情绪（NEM，Negative Emotionality）、可靠（DEP，Dependability）、适意（AGR，Agreeableness）、因袭（CONV，Conventionality）。

一些学者在跨文化背景下测试了七因素人格模型，并基本确认了

---

① Piedmont R. L., Bain E., Mccrae R. R., et al. The applicability of the Five-factor Model in a sub-Saharan culture: The NEO-PI-R in Shona［J］. 2002:155-173.

② Almagor, Moshe, Tellegen, Auke, Waller, Niels G. The Big Seven model: A cross-cultural replication and further exploration of the basic dimensions of natural language trait descriptors［J］. Journal of Personality and Social Psychology, 69（2）:300-307.

七因素人格模型的适用性。Almagor和他的同事们对希伯来以色列人进行了研究，结果惊人的相似。根据特莱根（Ben-Porath Y. S.）和沃勒（Waller N. G.）的研究，美国人使用的七要素人格模型和关键描述词语也可以在西班牙语语境中找到相似的描述（Almagor et al., 1995；Ben-Porath Y. S., Waller N. G., 1992）[1][2]。

（三）关于科学家特质的相关研究

在国内外的相关文献中，鲜有针对"科学家特质""科学家人格"的研究。在已有研究中，学者们主要是对科学家和科技创新人才"创造力"或"创造性"相关特质进行讨论。因此，以下对科学家科研创造力特质的相关研究进行整理。

1. 国内研究

自20世纪80年代以来，国内学者开始引入西方创造理论，并尝试将创造理论与教育科学紧密结合，探索创新人才的发展，获得了一系列研究成果。刘晓农认为，科技创新人才的素质特征可以通过对智力和非智力因素反映在认知、思维和特质等方面（刘晓农，2006）[3]。尹成湖对创新活动的发生机理进行系统研究后，发现创新人才的素质不仅应强调理性的知识结构、能力和心理素质，还应强调

① Crego C., Gore W. L., Rojas S. L., et al. The discriminant（and convergent）validity of the Personality Inventory for DSMa5［J］. Personality Disorders: Theory, Research, and Treatment, 2015, 6（4）:321-335.

② Butcher, James N. Introduction to the special section on assessing personality characteristics in clinical settings［J］. Psychological Assessment, 4（1）:3-4.

③ 刘晓农. 企业科技创新人才内涵及素质特征分析［J］. 生产力研究, 2008（01）: 135-137.

人才创造力和创新思维能力的优越性（尹成湖，2005）[①]；冯有明、刘丽君在创新人才教育研究中认为，创新人才的素质结构应包括基本和必要的创新素质（冯有明，刘丽君，2006）[②]；心理学家和创造力学者王极盛用熵理论来解释心理质量在创新过程中的作用。王极盛认为创造心理特质包括心理实现系统、动态系统、心理调节系统和心理供应系统（王极盛，2001）[③]。郑婧和安建增研究了诺贝尔奖获得者，并建议先进的科技创新人才应具有四个素质结构：知识和文化素质、创新素质、心理素质和道德素质（郑婧，安建增，2005）[④]；林秀华和汪健针对"两院"院士的创造能力进行调研，认为知识水平、思维能力、智力发展、人格品质和研究动机是形成创造能力的关键要素（林秀华，汪健，2002）[⑤]；王广民和林泽炎研究了84名典型的创新科技人才，发现创新意识和创新能力、专业积累和稳定的研究方向、敏锐的洞察力、科学的方法和系统性思维是创造型人才的重要特征（王广民，林泽炎，2007）[⑥]。

2. 国外研究

西方学界从心理学的角度分析创造性思维的本质和创造力特质的类型。早期研究可以追溯到1869年，英国心理学家弗朗西斯·高

---

① 尹成湖.创新的理性认识及实践［M］.北京：化学工业出版社，2005：167.

② 冯有明.创新人才研究［M］.成都：西南交通大学出版社，2006：173-184.

③ 王极盛.开发头脑金矿：创新素质发掘与培养［M］.北京：北京出版社，2001.

④ 郑婧，安建增.从诺贝尔奖获得者看高层次科技创新人才素质的构成［J］.技术与创新管理，2005（4）：28，30，33.

⑤ 汪健，林秀华，杨存荣.创新的内涵与创新的体制——围绕"创新"对清华大学院士的调查与访谈［J］.清华大学学报（哲学社会科学版），2002（5）：85-88.

⑥ 王广民，林泽炎.创新型科技人才的典型特质及培育政策建议——基于84名创新型科技人才的实证分析［J］.科技进步与对策，2008.25（7）：34.

尔顿（Francis Galton）在《遗传与天才》中描述了对977名天才思维特征和遗传因素的研究（弗朗西斯·高尔顿，1869）[①]。在此基础上，詹姆斯·K. 卡特尔（James.K.Cattell）使用统计方法研究了美国科学家的特征（詹姆斯·K. 卡特尔，1903）[②]；切塞尔.L.M.（Chassell.L.M）等学者则通过心理学测量理论分析了创造型人才的特质（切塞尔.L.M.，1915）[③]；约瑟夫·罗斯曼（Joseph Rossman）运用问卷调查法系统地研究了710名发明家（约瑟夫·罗斯曼，1931）[④]；格雷厄姆·沃拉斯（Graham Wallas）运用叙事法对创造科学发现或发明创造的故事进行了研究（格雷厄姆·沃拉斯，1945）[⑤]；安妮·罗伊（Anne Roe）使用各种投射测试来研究物理学家、生物学家以及社会科学家的智力水平（安妮·罗伊，1952）[⑥]。1950年，J. P. 吉尔福德（J.P. Guilford）在美国心理学年会上进行了"创造力"演讲，请求心理学家携手进行有关创造力问题的研究。从此，创造学家们开始在心理学界中分析创造人才的素质结

① Galton, Francis. Classification of men according to their natural gifts, 1869 [J]. 1948, 5（10）:231-247.

② Serge Nicolas, Aurélie Coubart, Todd Lubart. The program of individual psychology（1895-1896）by Alfred Binet and Victor Henri [J]. LAnnée psychologique, 2014, 114（1）:5-60.

③ Chassell,L.M. Three Children of Superior Intelligence and Inferior Motor Achievement [J]. Journal of Applied Psychology, 8（1）:128-139.

④ Rossman, Joseph. The psychology of the inventor; a study of the patentee [J]. 1932, 48（3）:7-9.

⑤ Wallas G.The great society: A psychological analysis [J]. 1945, 63（1-2）:21-25.

⑥ Roe, Anne. A psychological study of eminent biologists [J]. Psychological Monographs: General and Applied, 1952,65（14）:1-68.

构（J. P. 吉尔福德，1950）①。相关研究主题主要包括以下几个方向：

首先，从认知模型的角度研究创造性活动相关的素质或能力，认为思维活动和知识是创造性活动的基础。J. P. 吉尔福德（J.P. Guilford）在"智力结构理论"中提出了发散性思维的概念。E. P. 托伦斯（E. P. Torrance）提出了发散思维包括"流畅性（Fluency）、灵活性（Flexibility）、独创性（Originality）和精致性（Elaboration）"的观点，这一观点成为了20世纪50年代至60年代的研究重点（J. P. 吉尔福德，1959；E. P. 托伦斯，1963）②③。但是包括吉尔福德在内的许多研究人员认为，创造力不仅包括发散性思维，而且还包括其他认知技能，例如定义技能（盖茨尔斯Getzels，1979）④；范甘迪VanGundy，2007）⑤、知觉技能（史密斯&卡尔森Smith & Carlsson，1990；狄克斯特霍伊斯&默尔斯Dijksterhuis&Meurs，2006；狄克斯特霍伊斯

---

① J. P. Guilford.Creativity: Yesterday, Today and Tomorrow [J]. The Journal of creative behavior, 1967, 1（1）:3-14.

② E. Torrance. Education and the Creative Potential [J]. 1964, 12（2）:414.

③ J. P. Guilford, Benjamin Fruchter and H. Paul Kelley. Educational and Psychological Testing. Development and Applications of Tests of Intellectual and Special Aptitudes [J]. Review of Educational Research, 29（1）:26-41.

④ J. W. Getzels. Problem Finding: A Theoretical Note [J]. 3（2）:167-172.

⑤ Oriana E. Hawkins, Rodney S. VanGundy, Wilfried Bardet. 12OR: Analysis of breast cancer peptide epitopes presented by HLA-a*0201 [J]. Human Immunology, 2007, 68（1）.

&诺格伦Dijksterhuis&Nordgren，2006）[1][2][3]、灵感技能（芬克&沃德Finke&Ward，1996）[4]和分析能力（戴维森&斯腾伯格Davidson&Sternberg，1996）[5]，以上这些能力均能影响创造力的产生和发挥；爱德华·拉·博诺（Edward La Bono）的"横向思维理论"强调了横向思维和批判性思维在创新活动中的重要作用（爱德华·拉·博诺，1970）[6]。另外，除思维技能之外，S. A. 梅德里克（S.A. Mednick）和R. W. 韦斯伯格（R.W. Weisberg）等学者还强调了知识在创造力中的作用，认为"知识是创新能力的第二要素"，知识也是"在所有领域创造成就的必要条件"（S. A. 梅德里克，1980；R. W. 韦斯伯格，1999）[7][8]；

① Ap Dijksterhuis, Teun Meurs. Where creativity resides: The generative power of unconscious thought [J]. 15 (1):135-146.

② Ap Dijksterhuis, Loran F. Nordgren. A Theory of Unconscious Thought [J]. Perspectives on Psychological Science, 2006, 1 (2):95-109.

③ G. J. W. Smith, I M Carlsson. The Creative Process: A Functional Model Based on Empirical Studies From Early Childhood to Middle Age [J]. Psychological issues, 1990 (57):1-243.

④ Steven M. Smith, Thomas B. Ward, Ronald A. Finke. The Creative Cognition Approach [M]. Philosophical Psychology.1995:322、323.

⑤ Beach, R a, Sternberg, R W. Suspended sediment transport in the surf zone - response to incident wave and longshore-current interaction [J]. 1992, 108 (3-4):275-294.

⑥ BEGBIE, G. H. THE MECHANISM OF MIND. By Edward De Bono. London: Jonathan Cape, 1969. Pp. 304. 35s [J]. Quarterly Journal of Experimental Physiology and Cognate Medical Sciences, 55 (3):263、264.

⑦ Chunzai Wang, Robert H. Weisberg, Jyotika I. Virmani. Western Pacific interannual variability associated with the East-Southern Oscillation [J]. Journal of Geophysical Research Oceans, 1999, 104 (C3):5131-5149.

⑧ F. Schulsinger, S. A. Mednick, E. F. Walker. Biosocial implications growing from high-risk research [J]. Acta Psychiatrica Scandinavica, 1980, 62 (S285):24-29.

赫伯特·西蒙（Herbert A. Simon）基于创造性人格的案例研究和基于认知心理学的广泛实证研究认为，"创造是长期思考和知识积累的结果"（赫伯特·西蒙，2001）[①]；R. J. 斯腾伯格（R. J. Sternberg.）和T. I. 卢巴特（T.I. Lubart）等学者讨论并分析了创新问题解决方案（CPS）流程中所需的认知能力的创造力构成，并认为创造力应包括发现问题、澄清问题、描述问题、选择策略和有效评估五种能力（R. J. 斯腾伯格，1993；T. I. 卢巴特，1991）[②]；O. 瓦塔尼安（O. Vartanian）、C. 马丁代尔（C. Martindale）和J. 奎亚特科夫斯基（J. Kwiatkowski）论证了归纳推理、对问题关注和信息处理速度对创造力的影响（O. 瓦塔尼安，2003；C. 马丁代尔 & J. 奎亚特科夫斯基，2006）[③]；A. 亚伯拉罕（A. Abraham）和S. 温德曼（S. Windmann）则分析了与创造力相关各个部分之间的相互作用（A. 亚伯拉罕，S. 温德曼，2007）[④]。T. B. 沃德（T. B. Ward）将认知能力描述为"创新能力的窗户"（T. B. 沃德，2007）[⑤]。

① Edward A. Feigenbaum. Herbert A. Simon, 1916-2001［J］. 2001, 291（5511）:2107.

② Sternberg, R. J, Lubart, T. I. Buy Low and Sell High: An Investment Approach to Creativity［J］. Current Directions in Psychological Science, 1（1）:1-5.

③ Oshin Vartanian, Colin Martindale, Jonna Kwiatkowski. Creative potential, attention, and speed of information processing［J］. Personality and Individual Differences, 43（6）:1470-1480.

④ Zohra Karimi, Sabine Windmann, Onur Güntürkün. Insight problem solving in individuals with high versus low schizotypy［J］. 41（2）:473-480.

⑤ Z. Ren, T.E. Ward, B.E. Logan, Characterization of the cellulolytic and hydrogen-producing activities of six mesophilic Clostridium species［J］. Journal of Applied Microbiology, 2007, 103（6）:101-108.

其次，从社会心理学的角度研究与创造力活动相关的素质或能力，并认为创造力的来源与特质、特质类型、动机和社会文化环境有关。韦斯勒（D. Wechsler）基于对获得诺贝尔奖学者青年时期数据的分析，发现大多数诺贝尔奖获得者在青少年时期并不是智商超群的人，而智商水平仅是中等或者中上等水平，但是他们的人格特质与普通人截然不同。基于此，他提出了"非智能因素"的概念（韦斯勒，1950）[1]。D. W. 马克辛农、F. X. 巴伦、G. A. 戴维斯、M. 齐克森特米哈利等人分别通过研究科学家、发明家和建筑师的典型创造行为来探索创造型人格特质（D. W. 马克辛农，1962；F. X. 巴伦，1969；G. A. 戴维斯，1980；M. 齐克森特米哈利，1997）[2][3][4][5]。T. Z. 塔迪夫和R. J. 斯滕伯格总结了各种心理学家创造性人格特征的研究结果，得出了19个方面的特质类型（T. Z. 塔迪夫 R. J. 斯滕伯格，1988）[6]；M. D. 福特和S. B. 古斯塔夫索克斯的研究表明，特质对

---

[1] D WECHSLER. Historical bases for psychological tests [J]. 1950：Discussion 45.

[2] W.D. Stein. Spontaneous and enzyme-induced dimer formation and its role in membrane permeability I. The permeability of non-electrolytes at high concentration [J]. 1962, 59（1）:35-46.

[3] F BARRON. Originality in relation to personality and intellect [J]. Journal of Personality, 1958, 25（6）:730-742.

[4] Charles F A Bryce. Monitor: Davis, P D and Kenny, G N C, Microcomputer control of a video cassette lecture, medical education. 14, 196-198（1980）[J]. 2010, 9（2）:80.

[5] Larson R, Csikszentmihalyi M. The Growth of Complexity: Shaping Meaningful Lives [J]. 1997, 22.

[6] Luís Beck-da-Silva, Adolfo de Bold, Margaret Fraser. Brain natriuretic peptide predicts successful cardioversion in patients with atrial fibrillation and maintenance of sinus rhythm [J]. The Canadian journal of cardiology, 2004, 20（12）:1245-1248.

创造力的重大影响可以让受试者有效利用认知成分并将思想成为现实成果（M. D. 福特，S. B. 古斯塔夫索克斯，1988）[1]。T. M. 阿马比尔（T. M. Amabile）、B. A. 亨尼西（B.A. Hennessey）、T. I. 卢巴特（T. I. Lubart）和其他研究人员在对创新环境的研究中讨论了受试者在创新活动中的内部动力与外在动力对创造力发挥的影响（T. M. 阿马比尔，1983；T. M. 阿马比尔，1985；B. A. 亨尼西，T. M. 阿马比尔，1988；T. I. 卢巴特，1999）[2][3][4][5]。众多学者也分析了产生这类现象的原因，R. J. 斯滕伯格和T. I. 卢巴特认为 "创造性成果不会影响动机的外在性质，但会影响他们对工作的兴趣"（R. J. 斯滕伯格，T. I. 卢巴特，1991）[6]。S. R. 麦迪认为，内在动机和外在动机之间的相互作用对创新能力有更大的影响（S. R. 麦迪，1965）[7]。约翰·霍茨（John C. Houtz）、埃德温·塞尔比（Edwin Selby）、吉赛尔·B. 埃斯基维尔（Giselle B. Esquivel）研究了创作风格与人格类型之间的关系（约翰·霍茨，埃德温·塞尔比，吉赛尔·B. 埃斯基维

---

① Jeffrey H. Goldstein., Violence in intimate relationships, Russell Aggressive Behavior, [J]. New York: PMA Publishing Corp, 2006, 15（1）: 27、28.

② Teresa M. Amabile. Toward a Comprehensive Psychology of Creativity [M]. Springer New York, 1983.

③ Amabile T M. The Case for a Social Psychology of Creativity [M]. The Social Psychology of Creativity. 1983.

④ Beth Ann Hennessey, Teresa M. Amabile. Story-Telling: A Method for Assessing Children's Creativity [J]. The Journal of creative behavior, 1988, 22（4）: 235-246.

⑤ Sternberg, R.J, Lubart, T.I. The concept of creativity: Prospects and paradigms [J]. 1999: 3-15.

⑥ Sternberg, Robert J, Lubart, Todd I. An Investment Theory of Creativity and Its Development [J]. Human Development, 34（1）: 1-31.

⑦ Maddi S R. Motivational aspects of creativity [J]. 2010, 33（3）: 330-347.

尔，2003）①。格罗·E. 马西森（Gro. E. Mathisen）、厄文德·马西森（Oyvind Martinsen）和斯塔莱·埃纳森（Stale Einarsen）在投入、过程和产出方面讨论了创造性特质组成、创新氛围和创新产出之间的关系（格罗·E. 马西森，厄文德·马西森，斯塔莱·埃纳森，2008）②。

最后，从综合的角度思考创造主体，特别是"人"作为创造主体的结构。这类研究认为创造力是由许多因素共同创造的。斯滕伯格认为，以前关于创造力的研究主要是分析和解释影响创造的心理过程或特质等因素，但并不完善。斯滕伯格在研究了诸如创造力和智力、认知风格和特质等各个要素之间的关系之后，运用了他的"内隐创造力理论"提出了"三维创造力模型"。它由三个维度组成：智力水平、智力方式水平和特质水平，强调了这三个方面的相互作用以及每一方面内许多成分间的相互作用（R. J. 斯滕伯格，1988）③。R. J. 斯滕伯格和T. I. 卢巴特后来借用经济术语"投资"和"低进高出"来描述创作过程，提出"创造投资理论"（R. J. 斯滕伯格，T. I. 卢巴特，1991）④。J. F. 菲尔德豪森（J. F. Feldhusen）

① John C. Houtz, Edwin Selby, Giselle B. Esquivel, Creativity Styles and Personal Type [J]. Creativity Research Journal, 2003, 15（4）:321-330.

② Karianne R Vrabel, Jan H Rosenvinge, Asle Hoffart, et. al. The course of illness following inpatient treatment of adults with longstanding eating disorders: A 5-year follow-up [J]. International Journal of Eating Disorders, 2008, 41（3）:224-232.

③ Robert J. Sternberg. Survival of the fittest in theories of creativity [J]. 11 （1）:154、155.

④ Sternberg, Robert J, Lubart, Todd I. An Investment Theory of Creativity and Its Development [J]. Human Development, 34（1）:1-31.

认为，知识库、元认知技能和特质是创造力构成的三个方面（J. F. 菲尔德豪森，1995）[1]。

（四）关于博士生评价的相关研究

鉴于本书基于自然科学家特质分析的《潜质体系》的构建目的是综合评价考生的科研潜质，因此以下对博士生的科研能力评价的相关研究进行整理。

1. 国内研究

目前，我国学者对博士研究生科研能力及其评价体系的研究主要集中在以下几个方面：

首先，科研能力评价指标的研究。梁桂芝1991年出版了《学位与研究生教育评估的理论与实践》（梁桂芝，1991）[2]，该书总结了中国研究生教育部门多年来对学位授予质量评估的现实经验，并提出了若干政策建议。2000年由高等教育出版社出版，王战军主编的《学位与研究生教育评估技术与实践》（王战军，2000）[3]，重点探讨了研究生教育评价的具体研究方法和技术。2002年由王战军主编，高教出版社出版的《学位与研究生教育评估研究》收集了涵盖研究生教育相关评估理论、技能和时间各个方面的研究论文（王战军，2002）[4]。2000年出版关勋强等编纂的《医学研究生教育评价

---

① Feldhusen,J. F. Creativity：A Knowledge Base，Metacognitive Skills，and Personality Factors［J］. 2011, 29（4）:255-268.

② 梁桂芝. 学位与研究生教育评估的理论与实践［M］.北京：高等教育出版社，1991：232.

③ 王战军.学位与研究生教育评估技术与实践［M］北京：高等教育出版社，2000：1-5.

④ 王战军.学位与研究生教育评估研究［M］北京：高等教育出版社，2002：11-13.

研究与实践》，讨论了医学研究生教育评估的技术与方法（关勋强等，2000）①。此外，2001年出版范德林主编的《博士研究生质量保证体系研究》，2002年出版章达友所著的《MBA教育质量控制系统研究》，讨论了不同专业及不同类型研究生教育质量的评估体系（范德林，2001；章达友，2002）②③。徐玲玲总结了一种基于层次分析法和TOPSIS法用于评价研究生科研技能的评估方法，即运用客观分析最优指标法对研究生的初步科研技能进行综合评估（徐玲玲，1997）④。该方法是管理科学与工程学科中的一种客观决策方法，它通过四个步骤解决了评估问题：目标层次筛选、不同指标的权重、相同指标之间的相对接近度和可比较的指数比较。黄维模和曹丽华结合"德尔菲法"和"主要素分析法"，按照导向性、系统性、科学性和可操作性四个方面，设计会计专业的科研技能评估系统。评估指标系统要素集使用"德尔菲法"和AHP法确定指标权重，最后使用"德尔菲法"来证明权重的科学合理性（黄维模，曹丽华，2002）⑤。谈松华和黄晓婷认为，中国的教育评估在对学生学术质量、人才选拔、教师评估和大学绩效方面的评估中起着重要的作用。但是当前的教育质量标准和体系不利于研究生想象力和创造力的培养（谈松华，黄晓

① 关勋强，李瑞兴.医学研究生教育评价与实践［M］.北京：军事医科出版社，2000：1-10.

② 范德林.博士研究生质量保证体系研究［J］.黑龙江高教研究，2001（5）：71-72.

③ 章达友.MBA教育质量控制系统研究［M］.厦门：厦门大学出版社，2002：113.

④ 徐玲玲.目标分析最优指标法用于研究生初步科研能力的综合评价［J］.学位与研究生教育，1997（6）：46-51.

⑤ 黄维模，曹丽华.大学生初步科研能力的评价指标体系［J］.科技·人才·市场，2002：15-19.

婷，2012）①。周文辉认为，教育评价的本质是判断和抉择教育的价值。教育价值判断可以分为事实判断和价值判断，其中事实判断是对现状、事物和规律的解释，价值判断基于事实解释。由于需求的不同，评估者对教育活动的判断也不同（周文辉，2013）②。蔡晓良和庄穆，在对国外教育评价模型分析的基础上，认为中国的教育评价模型应借鉴国外的先进经验，并在内容评价、过程评价和成果评价方面设计评价指标体系（蔡晓良，庄穆，2013）③。刘金梅和付浩海总结了美国、英国和法国等西方国家研究生教育质量评估的做法和特点，提出了相关建议，刘金梅和付浩海指出中国的研究生教育质量评估标准应体现科学性和实践性（刘金梅，付浩海，2014）④。

其次，研究生科研能力评价要素研究。顾明远对研究生的知识结构和能力结构进行了调查和深入分析，探讨了研究生的科研能力的评价标准（顾明远，1998）⑤。孟万金对研究生科学研究能力的构成要素进行了调查，通过统计分析，发现文科、理科和工程学研究生要求的基础科学研究能力的构成要素，既有不同又很相近，按重要性排序来看，创造能力、逻辑思维能力、数据收集处理能力、解决问题能

---

① 谈松华，黄晓婷. 我国教育评价现状与改进建议［J］. 中国教育学刊，2012（1）：8-11.

② 韩晓峰，周文辉. 论教育服务的不同视域［J］. 清华大学教育研究，2013，34（5）：98-102.

③ 蔡晓良，庄穆. 国外教育评价模式演进及启示［J］. 高教发展与评估，2013，29（2）：37-44.

④ 刘金梅，付浩海. 国外专业学位研究生教育质量评价特色与借鉴［J］. 中外企业家，2014（36）：55.

⑤ 顾明远. 试论21世纪研究生的知识结构和能力结构［J］. 学位与研究生教育，1998（3）：12-15.

力、表达能力呈由高到低的顺序（孟万金，2001）①。另外赵彦生、许克毅和张远英均对研究生科研能力的内涵和结构进行了分析（赵彦生，2002；许克毅，1998；张远英，2002）②③④。

最后，博士生科研能力评价的应用和保障研究。孟万金初步总结了中国研究生选拔考试的基本思路，以及科学研究所需的一系列基础知识，认为考试应当在重视知识和技能的同时考核科研需要的特质，形成综合评价系统（孟万金，2001）⑤。刘尧还建议改革研究生考试过程中入学条件、入学申请和面试等环节，以有效地选拔具有科学研究技能和感知力的人（刘尧，2001）⑥。孙远雷等人认为"研究生招生的改革是研究生教育改革的源头" 应当从考试科目、内容、组织结构和录取方式进行革新（孙远雷，2002）⑦。

2.国外研究

西方针对博士生科学研究能力进行了深入研究。例如，1994年出版的《社会科学领域的研究生教育和训练——过程与成果》分

---

① 孟万金.研究生科研能力结构要素的调查研究及启示［J］.高等教育研究，2001（6）：58-62.

② 赵彦生.当代研究生应具备的几种能力［J］.太原理工大学学报（社会科学版），2002（3）：17-19.

③ 许克毅，柏昌利，康志明.面向21世纪的研究生知识能力结构及对策探讨［J］.江苏高教，1998（03）：61-63.

④ 张远英，魏朝富，李名扬.农科研究生培养方法的调查与探讨［J］.高等农业教育，2002（12）：79-81+84.

⑤ 孟万金.研究生科研能力结构要素的调查研究及启示［J］.高等教育研究，2001（6）：58-62.

⑥ 刘尧.论教育评价的科学性与科学化问题［J］.教育研究，2001（6）：22-26.

⑦ 孙远雷.中日高等学校招生制度比较分析［J］.设计艺术研究，2002，21（1）：126-128.

析了影响博士学位质量的主要因素（罗伯特·G. 伯吉斯 Robert G. Burgess，1994）[1]。爱德华·霍洛威（Edward Holloway）的《超越第一级学位——研究生教育、终身学习和职业》（于1997年出版）表明，高等教育质量体现在多个方面，高等教育质量的标准不能仅凭单方面的标准来制定。博士教育的质量评价与博士学位教育的利益相关者密切相关（爱德华·霍洛威，1997）[2]。《英国的研究生教育》概述了英国博士教育质量评估的相关工作以及科学委员会在博士教育质量评估方面的工作（托尼·比勒 Tony Beeher，1994）[3]。《研究生教育中的质量评价》介绍并分析了美国研究生院对博士生科研能力评估的过程（艾伦·M. 卡特 Allan M.Cartte，1996）[4]。此外，《高等教育系统评价》《高等教育的质量管理》和《全球范畴中的高教质量》从高等教育理论的角度介绍了博士生科研能力评估系统制度保障的相关内容（罗伯特·佩奇 Robert Page，1996；约翰·布瑞南 John Brennan，2000；大卫·邓克利 David Dunkerley et

① Burgess, Robert G. The Ethics of educational research [M]. Elements of operational research . 1989:111.
② LEWIS A. OWEN, RICHARD M. BAILEY, EDWARD J. Rhodes ,et al. Style and timing of glaciation in the Lahul Himalaya, northern India: a framework for reconstructing late Quaternary palaeoclimatic change in the western Himalayas [J]. Journal of Quaternary Science, 1998, 12（2）:83-109.
③ Tony Becher. Graduate Education in Britain. Higher Education Policy Series 17 [M].Graduate Education in Britain. Higher Education Policy Series 17. 1994:45.
④ Cartter, Allan M, Sawyer, Ralph A. An Assessment of Quality in Graduate Education [J]. Physics Today, 19（8）:75、76.

al.，2001）①②③。《研究生教育的科学研究基础》从科研和教学活动融合的方向，论述了硕士生和博士生教育中科研能力培养的问题（伯顿·R.克拉克 Burton R. Clerk，2001）④。

Clark对美国、英国、法国、德国和日本的研究生教育系统进行了全面的介绍和比较，并对不同国家博士研究生科研训练的特征进行了分析（Clark.B.R.，1994）⑤。兰森（Lanson）研究了博士生与导师之间的关系，并认为指导的双方不仅是教与学之间的关系，还是一种合作共生关系（兰森·E. G Lanser E.G，2000）⑥。德雷蒙特（Dremont）和皮纳德（Pinard）的研究结果表明，集体指导有助于提高博士生的科学研究能力（S.Delamont et.al，1997； Peluchette

① Byrd L. Jones, Robert W. Maloy. Schools for an Information Age: Reconstructing Foundations for Learning and Teaching［M］.The Journal of Educational Thought.1996:85.

② Brennan, John. Higher education research in the UK: a short overview and a case study［M］.The Institutional Basis of Higher Education Research. 2000:98-114.

③ Josiane Seghieri, David L. Dunkerley. Specific Methods of Study［M］. Banded Vegetation Patterning in Arid and Semiarid Environments. Springer New York, 2001.

④ Burton R. Clark. Places of Inquiry: Research and Advanced Education in Modern Universities［J］. Comparative social research, 2001, 19（2）:215-218.

⑤ B. R. Clark, S. V. Deshpande, S. D. Sharma. Antigen-specific deletion of cloned T cells using peptide-toxin conjugate complexed with purified class II major histocompatibility complex antigen［J］. Journal of Biological Chemistry, 1994, 269（1）:94-99.

⑥ E. G. Lanser. Effective use of performance indicators［J］. Healthcare Executive, 2000, 15（5）:46、47.

J.V.，et.al，1996）[1][2]。文菲尔德委员会的调查显示，政府应该对博士生科研方法和教学能力提升发挥作用（文菲尔德 Winfield，1987）[3]。布林克（Blick）描述了研究生的学术成就、研究背景对资格考试结果的影响程度（威廉·J. 布林克 William J.Brink，1999）[4]。

（五）关于个性化教育和培养的相关研究

1. 国内研究

首先要厘清个性化教育与个性化培养的关系。在笔者查阅的大量文献中，众多学者认为，个性化教育与个性化培养是具有关联性的。正如刘文霞的观点："教育的主体和对象是人，教育的目标是培养人的个体特征，即促进人的全方位发展"，因此可以看出，"教育"概念包含"人才培养内容"，"人才培养"是教育目标实现的途径。

2000年，"个性化教育"进入中国学界，逐渐成为学术研究中的热点和难题，学者们在研究的过程中，取得了许多有突破性的理论和实践成果。总体来看，"个性化教育"的研究主要集中在四个

---

① Wood, G, Delamont, S, Whitby, M. Spinal sensory radiculopathy due to Angiostrongylus cantonensis infection [J]. Postgraduate Medical Journal, 67 （783）:70-72.

② Joy Peluchette, Katherine Karl, Alberto Coustasse, et al. Professionalism and Social Networking: Can Patients, Physicians, Nurses, and Supervisors All Be "Friends"? [J]. 2011, 31 （4）:285.

③ Dominic M. Di Toro, Nelson A. Thomas, Charles E. Herdendorf, 等. A Post Audit of a Lake Erie Eutrophication Model [J]. Journal of Great Lakes Research, 1987, 13 （4）:801-825.

④ William J. Brink. Selecting Graduate Students [J]. The Journal of Higher Education, 1999, 70 （5）:517.

方面：

第一，探索个性化教育的概念方面。多数学者都是从个性的多方面界定出发，进而得出个性化教育的概念。其中刘文霞和崔瑞锋指出，个性化教育应当是在社会主义核心价值观的指导下，从教育对象的特征入手，结合社会化与个性化教育理论，通过一般教育与自我教育来进行教育活动（刘文霞，1997；崔瑞锋，2006）[1][2]。

第二，探讨个性化教育的本质问题。关于个性化教育本质问题的研究主要集中于目的和现实两个层面上。在目的层面上，个体可以基于其先天特质及与外界环境（主要是教育）的互动，从而使个体获得多种有益的个性和多层次人格（李如密，刘玉静，2001）[3]。因此，个性化教育的目的是通过教育促进被教育者个性特征的全面发展，最终培养出具有良好品格和健康人格的人（虞满华，柯思德，2013）[4]。王进也认为，个性化教育是对"流水线化"教育的"批判"，个性化教育应当是人性教育、个体教育和创造性教育（王进，2001）[5]。个性化教育应当尊重个体特点及其价值（曹兆文，2006）[6]，促进人的个性发展，即提升人的主体性、发挥人的能动

---

① 刘文霞.完整地理解个性教育［J］.内蒙古师范大学学报（哲学社会科学版），1997（2）：1-8.

② 崔瑞锋，程燕萍.如何保障企业教育与培训的质量和效率——以朗讯科技公司为例［J］.中国人力资源开发，2006（11）：91-94.

③ 李如密，刘玉静.个性化教学的内涵及其特征［J］.教育理论与实践，2011（9）：38-41.

④ 虞满华，柯思德.对个性教育与个性发展的理性思考［J］.南阳理工学院学报，2013（5）：93-97，106.

⑤ 王进.个性教育与教育者的个性［J］.康定民族师范高等专科学校学报，2001，10（3）：43-46.

⑥ 曹兆文.对"个性教育"本质的思考［J］.基础教育研究，2006（08）：5-7.

性、激发人的创造性（虞满华，柯思德，2013）①。并且个性化教育具有民主性、针对性、多样性、全面性、社会性和主体性的特征（李如密，刘玉静，2001）②。

第三，探索个性化教育与个体发展之间的关系。多数研究者认为，有效的个性化教育显现的是教育目标与个体发展手段之间的关系。个性化教育的目的是形成具有健康个体特质的教育对象。个性化教育是促进个体和谐全面发展的一种手段（刘文霞，1997；李如密，刘玉静，2001；虞满华、柯思德，2013）③④⑤。

第四，探索和分析个性化教育要遵循的原则和采用的方法以及在实施个性教育中要注意的问题层面。个性化教育实施遵循的原则层面：（1）教育的人性化、人道化原则；（2）教育的个体化原则；（3）教育的独创性原则；（4）培养优良特质和谐发展原则（刘文霞，1997；董金虎，2010）⑥⑦。个性化教育具体采取的方法层面：（1）因材施教说，主张教学应"长善救失"；（2）一对一教育

---

① 虞满华，柯思德. 对个性教育与个性发展的理性思考［J］. 南阳理工学院学报，2013（5）：93-97，106.

② 李如密，刘玉静. 个性化教学的内涵及其特征［J］. 教育理论与实践，2011（9）：38-41.

③ 刘文霞. 完整地理解个性教育［J］. 内蒙古师范大学学报（哲学社会科学版），1997（2）：1-8.

④ 李如密，刘玉静. 个性化教学的内涵及其特征［J］. 教育理论与实践，2011（9）：38-41.

⑤ 虞满华，柯思德. 对个性教育与个性发展的理性思考［J］. 南阳理工学院学报，2013（5）：93-97，106.

⑥ 刘文霞. 完整地理解个性教育［J］. 内蒙古师范大学学报（哲学社会科学版），1997（2）：1-8.

⑦ 董金虎. 个性化教育的内涵、阻碍因素、实施途径及误区［J］. 科技信息，2010（25）：540-572.

说，即一对一的个别化辅导的教育；（3）个性教育说，认为个性化教育就是促进个体特质发展的教育；（4）特殊教育，特殊教育主要指教学组织形式，是教师针对每个学生个别施教，教学内容和进度各不相同，教学时间没有统一的安排（于越，2013）①。实施个性化教育需要注意的问题和警示层面：虞满华和柯思德认为个性化教育、促进个性发展是有必要的，但不能从一个极端迈入另一个极端（虞满华，柯思德，2013）②。

2.国外研究

国外"个性化教育"研究的背景很大程度上是因为班级教育系统未能满足现代教育学科的客观差异。17世纪，伟大的捷克教育家夸美纽斯（Comenius）建立了班级教育体系。基于班级的集中式教学由于其系统性和易于管理的优势，被世界上许多国家青睐。但是，由于社会结构变化和教育理论的发展，人们普遍认为统一的教学制度会在一定程度上限制教育目标的发展。因此，西方学者在个性化教育思想和西方哲学思想的影响下，产生的观点大致可以分为以下几个方面：

首先，新教育思想和自由主义教育思想。卢梭和佩斯泰洛奇的自然主义教育思想继承了新教育主义和自由主义教育思想，关注儿童的天性，即"教育应尊重儿童的性格"，坚持教育制度的民主和自由（卢梭，1762）③。卢梭的"道德教育"：卢梭认为，"这些学校有

---

① 于越.浅谈个性化教育的内涵与实施［J］.内蒙古师范大学学报（哲社汉文版），2013，42（3）：145-148.

② 虞满华，柯思德.对个性教育与个性发展的理性思考［J］.南阳理工学院学报，2013（5）：93-97，106.

③ ［法］卢梭（Rousseau）.爱弥儿［M］.北京：北京出版社，2008：170.

其自身的问题，但民主和自由均被视为新教育的特征"。所有新学校在学生管理方面都是自治的。课程设置在课程中考虑了学生，重视了兴趣、年龄和个性的全面发展；师生关系不再是单纯通过秩序或纪律而是情感来维持。道德教育不应是"填鸭式"的说教，而是日常行为中的影响。蒙特梭利的"活动教育"理念认为儿童发展是自然过程，教育的作用是帮助儿童发展自然力量。教育应该在儿童活动和感受自然的过程中进行。自然教育包括两个层面，首先是为学生提供一个自由的环境，让孩子管控自身，而老师的任务是了解孩子的成长，并为孩子的自由发展提供条件。其次，是发展孩子的自我教育能力。活动教育则是指根据儿童成长的自然规律进行和实施教学活动（蒙台梭利，2013）[①]。为此，德可乐利（De Keleli）建立了"个性学校"，目标是"培训自由发展个性的孩子"（田世清，2011）[②]。罗素的"爱的教育"理念认为"旧教育"是没有爱的教育，孩子没有感受到自由或个性，因此，必须在完全和彻底的尊重儿童本身的前提下实施教育（罗素，1926）[③]。

其次，基于进步主义和实用主义的教育。自由主义教育思想对美国教育思想产生了重大影响。从某种意义上说，基于"进步"和"实践"的教育思想是受自由主义影响的产物。进步和实用主义继承了新时代教育思想和自由教育的本质，即发展和尊重儿童的性格，坚持民主和教育自由，倡导自然发展，并提出了"孩子绝对中心"的理论。

---

① ［法］蒙台梭利.蒙台梭利育儿全书［M］.北京：中国妇女出版社，2013：4-10.
② 田俊峰.浅谈新课改下的小学数学教学［J］.小作家选刊（教学交流）2011（7）：86-86.
③ ［英］罗素.论教育与爱心［J］.快乐阅读，2013（26）：78、79.

众多学者讨论了人格发展与社会进步之间以及个人与群体之间的关系。例如，杜威反对人类与社会之间的对立。在《我的教育信条》中杜威指出："我认为受过教育的人是社会中的个人，社会是许多人的有机结合。如果我们放弃儿童的社会属性，我们将只会获得一个空洞个体。如果我们放弃社交方面的个人因素，我们将只有呆滞而死板的群体（杜威，1897）①。"因此，杜威的教育目的不仅要注重个人的发展，而且要强调社会的进步，应当把个人发展与合作精神放在同等重要的位置上。

最后，存在主义的教育。这一派别教育者不仅关注人，而且更关注特定的人及人本身的个性，强调对受教育者特殊性、责任感等方面的培养。在师生关系方面，马丁·布贝尔（Martin Buber）认为师生关系是一种"我与你"的亲密关系，即两个个体之间关系的有效表达（马丁·布贝尔，1923）②。在这种关系中，师生互相欢迎，彼此认同，互相信任。这种关系也可以称为"对话"或"交流"，更有价值的是O.F.博尔诺夫（O.F.Bornov）看到了底层社会中的"去个体化"现象，即底层社会民众往往忽略孩子的特性。因此，存在主义教育家主张在教育过程中，应当灵活地设计教育方法和教学进度。另外，对于学生的评价不应当使用统一的标准（博尔诺夫，1964）③。

3.简要评价

本研究主要关注自然科学家特质、自然科学博士生评价和自然科

---

① ［美］杜威.我的教育信条［J］.基础教育论坛，2016（21）：6-10.
② Alex Guilherme. Buber, Martin ［M］. Encyclopedia of Educational Philosophy and Theory. 2016:45-49.
③ O.F.Bornov. Educational Anthropology: An Introduction ［M］.New York: John Wiley & Sons.1964:67-70.

学博士生个性化教育几个方面，因此笔者从上述几部分内容对已有研究进行总结，已有研究主要呈现以下特点：

（1）特质理论发展日趋完善，但科学家特质研究有待加强。

总的来说，在19世纪末20世纪初，特质理论的研究变得越来越系统化和科学化，各种流派逐渐形成。但是大多数学术派别的差异仅体现在侧重点上，并且各学术派别的陈述大多雷同，研究人员遵循大多数学者能够理解且接受的理论流派。在此基础上，许多学者进行了深入的探究，并运用多种方法获得了诸多具有理论价值和实证意义的研究成果，但在科学家特质研究方面仍有一些不足：

第一，关于自然科学家特质的系统研究极少。在为数不多的研究中，大部分学者均仅凭经验或描述性统计的结果，对科学家具有的特质进行了总结和分析，但没有讨论自然科学家特质形成的原因，因而，限制了自然科学家特质在实践应用方面的可操作性。

第二，研究自然科学家特质的方法不断更新，但仍有不足。从20世纪关于科学家特质相关研究的兴起开始，学者们运用了传记法、文献法等多种方法讨论了自然科学家特质的内涵。特别是在NEO-PI、16PF等特质问卷问世之后，诸多学者也将这些问卷工具应用到了自然科学家特质分析之中。但是，仅从方法和研究工具层面来看，传记法、文献法具有的研究结果容易受到研究者的主观影响，而NEO-PI、16PF等问卷工具，由于问卷本身不是专门用于研究自然科学家特质的问卷，因此，有可能会出现统计结果偏差的问题。综上所述，现阶段自然科学家特质研究仍缺乏科学、有效的研究工具和方法。

（2）博士生评价多以成果评价为主，缺乏深入的潜质评价。

当前，国内外学者围绕博士生评价这一研究领域取得了重要成果，得出了许多非常有意义的结论，大多数学者均围绕博士生科研产出对博士生教育中入学标准、培养质量、科研绩效、毕业规范等研究领域，进行了较为深入的研究。特别是部分学者将其研究成果应用于实际研究生教学当中，取得了较为卓越的实践成果，但仍有不足，主要表现在以下几个方面：

第一，博士生评价内容不明：国内学者对于博士生评价的相关研究大多关注博士生的科研产出，呈现了"结果评价"的特点。但是从教育目的是"为培养出更好的人"来看，博士生评价内容仅专注博士生的科研产出，是有失偏颇的。因此，需要从博士生个体出发，以博士生自身为研究内容，围绕博士生潜质进行博士生评价相关研究。

第二，评价对象不明：现有研究大多以研究生为对象，将博士生和硕士生混为一谈，这种研究视角，混淆了博士和硕士概念。博士生教育尽管是研究生教育中重要的组成部分，但博士生不能完全等同于研究生，因此，已有的研究结论并不完全适用于博士生。同时，许多研究将不同学科的博士生评价混为一谈。从我国教育现状来看，不同学科大类的评价标准不尽相同，不同学科的博士生也具有较大的差异。现今普适性结论往往不能正确地反映特定学科博士生的完整特征。

因此，从以上两点缺欠来看，需要针对自然科学博士生个体特征，从讨论自然科学博士生科研潜质的内涵出发，建立评价指标体系。以此，加强我国博士生科研能力评价的科学性和合理性。

（3）博士生招生遴选和个性化教育诊断的科学化工具开发有待加强。

从个性化教育在国内兴起之后，众多学者在博士生个性化教育的思想、理念、目的、管理等方面提供了诸多的研究成果，确立了博士生个性化教育的思路、方向和原则。特别是部分学者，也开始关注博士生如心理动力等自身因素对于博士生个性化教育的影响，但招生遴选和个性化教育诊断工具的科学化仍有欠缺，主要表现在以下几个方面：

第一，分散研究多，系统研究少：尽管国内外多方学者从不同角度和层面涉及个性化教育，但总体上缺乏对博士研究生个性化教育的专题性、系统化研究。一方面，缺乏对已有个性化教育理论和先进模式的总结和提炼；另一方面，国内外有关博士研究生个性化教育评估的系统性研究专著不多。

第二，评价方法有一定局限：国内学者对博士生评价的研究主要是质性分析或基于描述性统计分析的量化研究，因此，以上评价方法无法满足衡量博士生科研能力或创新能力及其影响因素的研究要求，有一定局限性。

第三，实践工具较为匮乏：国内外学者关于招生遴选和个性化教育评价体系的相关研究，大多是从制度构建的角度，针对个性化教育应当坚持何种思路、坚持哪些原则、防止什么问题提出了简单的方向性指导建议，只有极少数研究针对博士生个性化教育特点，结合具体实施过程，给出了招生和个性化教育过程中实践工具。

因此，基于以上缺欠，我们应当围绕自然科学博士生特质和博士生个体发展特点，构建适合博士生具体招生和个性化教育工作的实践工具，即自然科学博士生科研潜质评价指标体系。并在培养过程中，将潜质评价指标体系的内容和评价结果应用于具体博士生培养工作中，以此解决已有研究系统研究少、评价方法局限、实践工具匮乏的问题。

综上所述，就已有研究来看，先前众多学者对于本文相关论题取得了很多成果，也为本研究开拓了广阔的思路、提供了丰富的资料，但关于本研究的相关方面仍有继续完善的空间。因此，笔者运用质性研究和量化研究的方法探索自然科学博士生应有的特质——自然科学家特质，并在此基础上建立博士生科研潜质评价指标体系，依据指标体系的具体内容提出有针对性的实施建议，具有一定的理论价值和现实意义。

四、研究思路

根据科学研究的思维过程，本研究将从质性研究和量化研究两个方面，构建《自然科学博士生潜质评价指标体系》（以下简称《潜质体系》）。

第一，基于博士生教育和评价的历史文献，梳理中西方博士生教育和评价的历史，并对西方和新中国成立之后博士生教育和评价的成绩做出简要评价。

第二，基于博士生教育和评价的历史，提出本研究中我国自然科学博士生的教育目标是：为了培养其具有自然科学家的相关特质。

第三，遵循扎根理论研究步骤，运用词频分析工具，将自然科学家相关文献中与特质相关的词汇进行整理。依照语义分析的步骤，将自然科学家特质相关词汇的整理结果逐个回归原文语境，初步整理出自然科学家特质的分类。然后运用个案调查法设计结构性访谈，并通过词频分析工具将个案调查的访谈资料进行整理，以此验证从相关文献中得出的特质的准确性。

第四，量化研究。量化研究包括《潜质体系》的构建和《潜质体系》的检验两个部分：

（1）《潜质体系》的构建：①基于质性研究所得出自然科学家人格类型设计自然科学家特质问卷，采用非随机抽样中的雪球抽样方法，依照SEM最低样本容量抽取样本。②借助SPSS 22.0、SPSS AMOS 22.0和Mplus 6.0统计软件作为分析工具，对收集的研究数据进行统计分析。其中，SPSS 22.0主要用于描述性统计分析、信度分析、效度分析、探索性因子分析和相关性分析，SPSS AMOS 22.0用于路径分析，Mplus 6.0用于验证性因子分析。③得出自然科学博士生潜质评价量表的题目、一级指标、二级指标和分数计算公式，完成《潜质体系》的构建。

（2）《潜质体系》的检验：由于在本研究中已经确定自然科学博士生具有成为自然科学家的潜质，并且自然科学家所具有的特质可能在自然科学博士生群体中体现。因此，为检验《潜质体系》在自然科学博士生中的适用性，笔者将量表发放至在读的自然科学博士生群体中进行实际测量。①采用方便采样的方法依照SEM最低样本容量进行样本抽取。②运用统计软件（SPSS 22.0、SPSS AMOS 22.0、Mplus 6.0）进行问卷结果的描述性统计分析、信度分析、效度分析、探索性因子分析、相关性分析、路径分析。

第五，依照《潜质体系》，借鉴个性化教育理论，提出自然科学博士生招生和个性化教育的建议。

五、研究方法

（一）质性分析研究方法

质性分析法就是对于研究对象进行"质"方面的分析。具体来说，本研究将运用文献研究法和个案调查法、词频分析法、语义分析法对于获得的已知材料进行思维加工，从而达到去粗存精、去伪存真、由此及彼、由表及里，完成寻求博士生招生目的和探究自然科学家、自然科学工作者与自然科学博士生科研潜质的任务。

1. 文献研究法和案例研究法

文献研究法是通过分析已有文献资料，考察历史事件或社会现象的研究方法。人文社会科学领域的文献研究法主要是利用间接、非干扰、非反应性的间接文字资料进行分析，文献研究法已成为当今社会科学研究必不可少的途径。本研究整理分析了关于自然科学家的文献、关于影响科学产出因素的文献、关于科学合作的各种文献，在此基础上进行初步归纳和总结，具体使用方法为词频分析法和语义分析法。

案例研究方法现已在社会科学中广泛使用，主要是指对封闭系统的深入描述和分析。以严（Yim）、斯塔克（Stake）和梅里亚姆（Merriam）等为代表的一批学者曾对案例研究法进行过系统、深入的阐释（Yim, 1984；Stake, 1988；Merriam, 2008）[1][2][3]。从研究过程的角度来看，Yim对案例研究的定义是："当现象与环境之间的界限不清楚时，对情景中的现象进行分析的实证研究（Yim, 2008）[4]。"与其他方法相比，案例研究可以揭示特定典型整体面

[1] Burgess L, Sant T E V, Yim D W S. Parotid tumors[J]. 1984, 149(2):100-103.

[2] Washington, DC.; American Public Welfare Association, Washington, et al. New Partnerships: Education's Stake in the Family Support Act of 1988 [J]. 1989:45.

[3] Merriam S B. Case Study Research in Education: A Qualitative Approach[J]. 1988, 18 (22):246.

[4] Yim, Kim. Distortion Management Scheme for Multiuser Video Transmission in OFDM Systems [C]. 2008:74.

貌，以此为基础进行描述、论述和分析，适合用于研究多层次分析单位。本研究对部分科学家进行面对面访谈，运用词频分析法和语义分析法对访谈结果进行整理，以检验文献研究结果的准确性。

2. 词频分析法

词频分析法是基于词汇学相关理论的研究方法。其中，主要是指对一定长度语言材料中每个词的出现进行计数，并分析统计结果用以解释文本规律。本研究将两院院士的传记、回忆录、访谈、演讲和个案访谈结果等资料，运用词频分析软件，汇总与自然科学家特质相关的高频词汇，在特质的词汇学假设基础上，进行整理总结，展开分析。

3. 语义分析法

语义分析法是通过分析语言的要素、句法语境来揭示词和语句意义的研究方法。本研究将自然科学家文献资料和个案调查材料中与特质相关的高频词汇回归其所处语境，分析其语言要素和语法语境，目的是解释和归纳自然科学家在特质相关词汇出现的语境中所表现的特质。

（二）量化研究方法

在科学研究中，通过量化研究法可以让研究者对研究对象进一步精确化。本研究通过设计问卷并且运用量化研究法，期望厘清组成符合个性化教育的自然科学博士生科研潜质各个因素之间的关系，解释规律把握本质，预测事物的发展趋势。

1. 描述性统计法

描述性统计是一种通过表达数据分布的方式汇总和呈现定量数据的方法。主要形式有数据频率分析、集中式数据趋势分析、数据方差分析、数据分布以及一些基本的统计图形。数据图形应涵盖定量数据特征并表征数据分布。描述统计是部分统计方法的集合，这些统计方法，提供了一种有效且相对简单的方式来汇总和表征数据。统计结果通常以图形方式表示，易于理解，并且可以找到一些数据质量特征值的分布规则和趋势，用于汇总和表征数据，这些数据通常是进一步定量分析或推论统计方法的有效补充的基础。

一般的描述性统计方法可以分为三类：图形统计数据，例如直方图、阵列图和饼图等；数据统计量描述，例如平均值、标准偏差等；文字语言表述，例如统计分析表、因果图、流程图等。在本文中，描述性统计主要用于对上文中质性分析结果进行数据的方式的梳理，便于后期进行特质的主成分分析。

2.主成分分析法

主成分分析也称为主分量分析，旨在利用降维思想将多个指标转化为少量综合指标（关键要素）。在这里，每个关键要素都可以反映有关原始变量的大多数信息，并且其中包含的信息相互独立。该方法能够把复杂因素减少为几个主要组成部分，引入多个变量来简化问题的同时，获得更科学有效的数据信息。在现实问题研究的过程中，大多数研究为更加系统分析问题，有必要考虑多种影响因素。这些因素在多元统计分析中，通常被称为指标和变量。由于每个变量都在各个层次上反映了正在研究问题的某些关键因素，并且各个因素（指标）相互关联，因此，所获取的统计数据所反映的信息会有所重叠。主要计算方法包括特征值分解、SVD、NMF等。

在本研究中，主成分分析法主要用于解决考核指标的指标体系的问题。具体来说，主要运用SPSS 22.0中主成分分析功能，进行探索性因子分析，根据自然科学博士生量表得分，运用最大方差法提取出

5个因子，同时，在此过程中，依照旋转矩阵的因子载荷数的要求，删除旋转因子载荷数低于0.4的题目，得出一级指标和二级指标及其各自权重。

六、技术路线

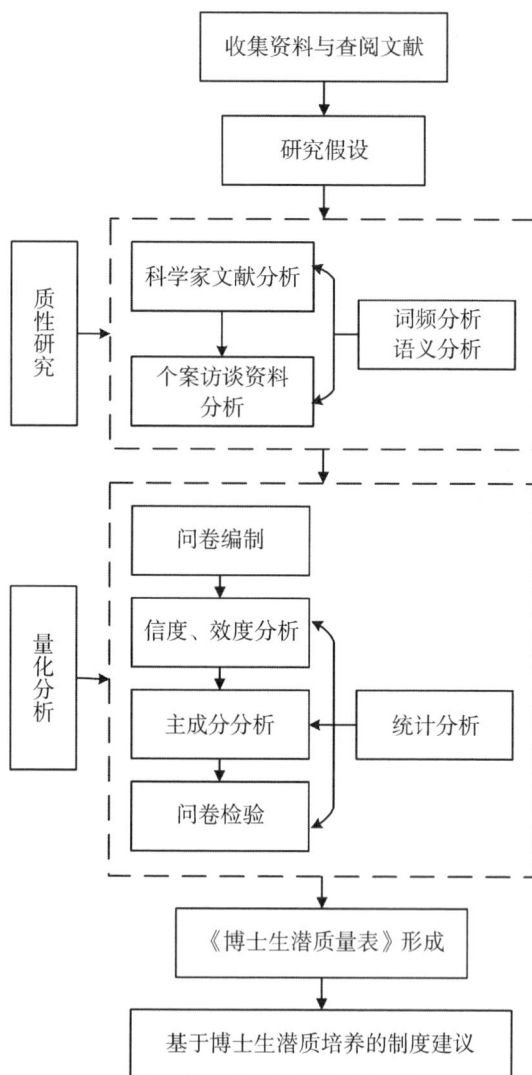

图1.1　技术路线图

七、创新点

本研究的创新性在于：

第一，运用词频分析工具和语义学方法发现了自然科学家的16种特质，其中包括合作、善于创新、科研兴趣浓厚、直觉敏锐、严谨、好奇心、重视能力提升、有恒心、知识背景广、做事效率高、完美主义、为人谦和以及前期表现优秀等，并通过个案研究进行了初步的检验。

第二，根据质性研究结果编制了《潜质问卷》，依照《潜质问卷》在自然科学家的量化研究结果编制了《潜质体系》，并且把《潜质体系》发放于自然科学博士生群体中进行了检验。量化研究结果发现《潜质体系》呈二阶五因素结构，五因素分别为科研心理动力、科研思维、科研行为表现、前期表现与外界环境影响和学者型完美主义。《潜质体系》在自然科学博士生群体中的检验结果证明，《潜质量表》具有良好的信度效度，能够有效地测量和评价自然科学博士生的科研潜质。

第三，依照《潜质量表》在自然科学博士生群体中的试验结果，从个体出发提出了自然科学博士生个性化招生和培养的个性化政策建议。

第二章　研究概述

一、核心概念界定

（一）自然科学

科学（英语：Science，希腊语：Eπιστήμες）是通过公众可以理解的数据运算、文本解释、语言描述和图像对已知世界的描述、推导和证明。科学的特点是符合一般认知的、约定条件下的一致和证伪，是观察客观世界的最可靠方法。科学方法的运用是通过经验证据对现实社会或自然现象进行归因的过程。从科学活动中获得的知识，必须具有条件明确，可以被重复证明并且不能与任何适用领域内已知事实相矛盾的特征。

科学力图通过对自然不同层面的认识来解决具体问题，强调预测结果的具体性和可证伪性。科学与仅依靠思辨的哲学不同，科学与寻求绝对无误的真理也不相同，科学是在已知的基础上不断寻求接近真理。因此，科学本身需要对理论有某种程度的怀疑，绝不是"正确"的同义词。

关于自然科学，通常认为古希腊人泰勒斯（Thales）和亚里斯多德（Aristotle）是自然科学的奠基人，伽利略·伽利莱（Galileo Galilei）是自然科学实验的"创始者"。

18世纪之前，欧洲自然科学和哲学几乎不可分割。勒奈·笛卡尔（René Descartes）、戈特弗里德·威廉·莱布尼茨（Gottfried William Leibniz）和约翰·洛克（John Locke）既是哲学家也是自然科学家。在自然科学发展历程的早期，对自然物体或分类的系统研究被称为自然历史。就类别而言，社会科学和工程学通常与自然科学不同。换句话说，自然科学研究对象是无机界和有机界。被探索的对象是物质的全部内容，即与物的类型、状态、特征和形式有关的内容。探究的任务是自然现象的本体和性质，以解释和预测新现象，并探索自然运行的规则，以便在社会实践中合理有效地利用自然法则。但是，由于工程属于自然科学的应用，而形式科学是构建和检验现实世界的科学模型，因此，工程和形式科学与自然科学密切相关，因此，为使本研究更具普遍性，本研究将自然科学的定义为：研究自然界和人的生物属性相关的事物和现象的科学，构建、检验和运用自然界和人的生物属性规律解决现实问题的各学科总称，其中包括数学、统计学、物理学、化学、天文学、地学、生物学、医学以及工程学等。

（二）特质与自然科学家特质

"特质"是哲学、社会学、心理学、教育学等学科共同研究的范畴，学者们从各自的研究角度做出了迥然各异的解释。美国著名的特质心理学家G. W. 奥尔波特（G. W. Allport）曾经统计，现有特质定义共有50余种。但从现实情况看，各学科给特质下的定义不下百种。

在本研究中，"特质"特指心理学中的特质。在心理学中，特质更普遍地被认为是"人格特质理论"和"个体差异理论"。1970年，高尔顿（Galton）编纂了《遗传天才》一书，将特质命名为Character，系统地研究了个人的具体特征。此后众多学者在特质测量方面取得了诸多成果，盖茨（A. I. Gates）认为，特质是"个人的具有社会意义并可影响他人的特征，包括特性、性格、德性等"①。盖茨的特质理论强调特质的社交属性，但忽略特质对个人活动及意识的调节作用，将其视为纯粹的心理特征，因此盖茨的特质概念涵盖范畴略显狭隘。中国心理学家将特质的心理特征与人格等同起来，并认为"特质的心理特征"是"个体心理特征的特殊组合"，特质包括"活动、能力、性情和态度的可行性和质量"，也是人的性格。

由于特质理论中的"个体差异理论"存在概念涵盖范畴狭隘的问题，因此，苏联心理学家波哥斯洛夫斯基（Bogoslovsky）在其著作《普通心理学》中，使用"个性"一词来强调人的特殊属性用以识别②。中国心理学家吴增芥也有相似的观点，吴增芥认为特质主要体现在个体差异中，即每个个体具有的不同心理特征的集合。特质影响着个体适应环境的行为模式和思维模式。同时吴增芥也指出特质应包括以下几个方面，即智力、动机、情感活动、态度、信念等。这些因素的不同组合产生了不同个体差异③。由此可见，心理学中关于特质

---

① Gates A I, Strang R. A Test in Health Knowledge [J]. 2005, 26（10）:867-880.
② ［苏联］B.B.波果斯洛夫斯基.普通心理学[M].北京:人民教育出版社.1980-10.
③ 吴增芥.学习心理中几个问题的探讨［J］.心理学探新，1986（4）：67-73.

的观点比其他学科更为关注个体与个体之间的差异。同时也认为个体与个体、群体与群体之间，在特质方面既有个体差异也有相同之处，例如相似的气质、才能、个性和理想。诚然，特质心理的研究特点与其他学科比较，更重视人的差异。但是，从个体与群体关系的角度来看，特质既有个体独特性的一面，又有与群体共同性的一面。人与人之间在气质、才能、性格和理想等方面都有共同性。

纵观整个心理学的研究，特质概念的结构包括三个层面：第一，特质倾向主要表达的是"个人对社会环境的态度和行为方式的差异"，关注的问题是"个人对社会环境的态度和行为是积极的还是消极的，自主的还是强制性的"，内容包括需求、动机、兴趣、信念、理想和世界观。第二，特质心理特性，这一层面关注个体独特心理特性，包括个性、气质和能力。关注的问题是"个体与他人如何从心理特征角度进行区分"。第三，群体特质或特定社会类型特质的共性，即将一类人与另一类人区分开的心理特质的总和。

综上所述，依照传统特质理论的观点，特质更接近于某种天生的、由遗传因素所决定的、恒定的人类特征。在近些年，随着特质理论和相关研究的发展，特质更趋近于某些行为所体现的可以被归纳的人类表征。这些表征既具有先天的成分（如智商、情绪的开放性等），同时也具有后天训练的因素（如对知识的探索、良好的职业习惯等）。因此，在本研究中，特质的概念为：将一种或多种人类行为通过科学的方法测量、总结、归纳得出的，能够代表某种人类表征的，具有先天性、后天性并且长期稳定的一种心理状态描述的总和。

基于前文特质的概念，讨论自然科学家特质的定义。从语言学的角度来看自然科学家特质这个短语的含义，包括特质和自然科学家两个层面，前文中讨论了本研究中特质的定义，因此，为确定自然科学家特质的概念，在此讨论科学家的基本定义。一般情况下，广义的科学家上是指通过系统性活动发现新知识并专门从事科学研究的人士。狭义的科学家定义是指，使用科学方法进行研究，并在特定领域做出重大贡献或做出贡献的工作人员。本研究中的自然科学家概念选用了狭义的概念，即在自然科学领域取得重要影响或者贡献的自然科研工作者。因此，在上文自然科学和特质的基础上，本研究自然科学家特质的定义如下：①自然科学家相对普通人对外界环境的态度和行为模式的差别或个别存在的表现方式；②自然科学家特质心理特征；③自然科学家特质中共性的表现方式，即自然科学家和普通人不同的、整体的、相对稳定的心理面貌和习惯行为描述的总和。

（三）潜质与自然科学博士生潜质

"潜质"依照心理学的定义是指个人的可开发但还未进行发掘的特质。依照教育部和各学校的培养方案中对于博士生培养目标是"使其具有科研工作相关能力"的内容以及前文科学家的相关定义，笔者认为，尽管自然科学博士生的培养目标是自然科学家，但是博士研究生由于没有接受完整的学术训练，因此推测博士生与科研相关的特质并没有完全显现，博士生在学习阶段与科研相关的特质应该表述为潜质。综上所述，本研究中自然科学博士生潜质的定义是指，自然科学博士生未能显现的，但可以被开发提升的、与科研创新能力相关的特质。

博士，在西方的博士学位中包括研究型博士学位和职业型学位两种。

研究学位的"博士"源于拉丁语"doctor",本意是"教授知识的人"。这个词来自欧洲中世纪。在中世纪,"doctor"是大学进行教学工作的必要条件。在现代学位体系中的"博士学位"学位是"哲学博士(Ph.D)"。在英国系统中,哲学博士是现代欧美大学对学术界的基本学位要求。首先,博士学位是学术研究学位,需要学位获得者在学术研究领域经过严格的培训和评估[①]。博士学位的获得者必须了解学术研究的概念、过程和获得研究结果所必须具有的学术规范、学术道德等。在美国学位系统中,博士生必须通过最基本的博士资格考试,完成规定课时,获得B以上的平均课程成绩,进行深入的学术研究并在学术杂志上公开发表高水平学术论文以及在学位委员会的审查下完成博士论文答辩,才被允许获得博士学位。通常,自然科学和工程学博士需要三至六年才能获得学位。

西方高等教育博士除了具有研究学位外,还具有专业学位(Professional Doctors)。该专业的目的是培养人从事特定的社会职业。首先,就医学、法律、教育等专业而言,尽管博士学位是获得职业岗位的基本条件,但教育的目的与学术型学位(Ph.D)却有很大差别。

学术型博士的教育目的是培训研究人员或学者。专业学位则专注培养各领域的专业工作人员。专业学位和研究学位之间的最大区别是,专业学位只有在通过律师和医生等综合的专业许可评估后,毕业生才能在该行业中获得职业执照。而科研或教学岗位则没有这类要

---

① 停留字面理解的"哲学博士"是中国式误会,"科学博士"似近本义[EB/OL]. http://blog.sciencenet.cn/blog-350729-916611.html.

求。这种要求的原因是学科相关职业的法律要求。例如，医生的职业与他人生命息息相关，建筑师的设计决定了房屋的安全性，因此，专业学位有严格的职业许可要求。

本研究主要使用的是学术型自然科学博士生的概念，即攻读自然科学学科相关的学术型博士学位的学生，在本研究中统称为自然科学博士生，是指依照前文"潜质"理论在心理学中"可开发但还未进行发掘的个人特质，即未显现处于萌芽状态的特质"的定义，本研究自然科学博士生潜质的定义是指自然科学博士生未能显现的，但可以被开发提升的与科研能力相关的特质。

（四）评价与评价指标体系

评价指标体系的英语表示形式最初是"Rubric"，意思是"红色的土壤"，在中世纪，它是用红色墨水写在各种手稿上的标志，该标签用于指示如何唱赞美诗或执行宗教仪式[①]。在法律文件的后面，红色文本通常表示代号，因此"Rubric"开始表示简单的权威性规则。在将其引入教育领域后，它具有了评估含义，在实际应用中，它一般以二维矩形表的形式出现。

评价指标体系可以分为两种，整体型评价指标体系和分析型评价指标体系。整体型评价指标体系是整合学生学习成绩或成就的关键要素，目的是提供总体的评估。优点是评估结果简单易懂，可以快速地依照评估总体水平或总体性能为评估方提供成绩或水平相关的"印象分数"。缺点是缺乏对结果或表现的详细分析，并且不能提供

---

① 张所帅. 评价量表的内涵、特点及开发 [J]. 教学与管理，2019，766（09）：128-130.

诊断和反馈。分析性原则是将学生的学习成果或成就分为基本要素或维度，并分别进行评估。分析型评价指标体系能够针对学生的成果和能力进行细化，得出各维度的相关结果，提供更具针对性的反馈信息并促进更好的改进。缺点是所需时间长，并且难以保证评估的效率和可靠性[①]。整体型评价指标体系和分析型评价指标体系各有优劣，因此，应当根据具体使用过程中的实际需要灵活选择，并在评价过程中充分利用其各自优点。

评估指标体系源于表达评估（表现性评估）的兴起，在该评估中，一般学生会参与一些由观测者设定的能够表现某种特定技能的活动，如运动、回答问题、完成任务、制造物品等。简而言之，研究人员会在执行某些任务时直接观察和评估学生的表现。

表现性评估具有诸多优点：首先，评估教学目标的实现情况，依照学校内部和外部自然情况下的复杂表现，可以观测其他评估模型无法衡量的复杂学习结果；其次，依照任务的完成度，学校等评估主体可以依照评估结果分配教学进度；最后，表现性评估认为学生是教育活动的最核心参与者，不仅是教育理念中单独、分散的知识接受个体，更是与教育活动具有不可分割的整体性。综上所述，表现性评估指标体系已成为教育结果评估的重要组成部分。尽管表现性评估指标体系具有诸多优势，但其仍存在明显的局限性。比如，绩效评估的局限性集中在评估结果的差异上，因此，必须建立清晰的评估标准，以确保能够获得客观公正的评估结果，这也是表现性评估指标体系构建过程中最重要的组成部分。在一般评估场景中，表现性评估指标体系

---

① 王正华. 信息化教学中评价量规的设计与应用［J］. 教学与管理，2016（15）：119-121.

主要应用于学生能力的评价。这里的能力是指具有高水平的复杂综合思维和分析解决问题的实践能力在卷面评估结果上的体现。表现性评估指标体系的评估结果主要反映开放性试题上，问题的答案没有唯一正确答案（如托兰斯创造力测试），一般考查学生的思维过程和结果，以此反映认知水平的差异和特征。

指标体系的开发通常有两种途径：设计和改进已有（经前人检验）的指标体系；根据评估目标和研究目的结合评估指标系统的特征，设计构建新的评价指标体系。在依照文献或查阅资料能够找到合适评估目标时，可以依照评价需求有选择地应用或在已有量表基础上进行适度修改。如果寻找不到符合评估目标时，则需要研究者自行构建符合评价目标、对象和要求的评价指标体系。自行构建指标体系的步骤一般分为自上而下和自下而上两种：自上而下的方法是指，基于评价目标、对象和要求，运用演绎法，确定评估任务，确定评估要素，制定评估要素特征，确定评估标准，选择指标体系构建的类型，构建、修正评价指标体系的过程；自下而上的方法是指，基于评价对象的具体表现，运用归纳法，分析评价对象行为的通性，对不同的行为分类，阐明分类的标准和依据，确定各级别指标，选择评估指标体系的类型，构建、修正评价指标体系的过程。当然，评价指标体系构建的实际开发过程没有严格的限制，应当一切为评价目标服务，在必要时可以将两种模式结合起来。

本研究所得出的自然博士生科研潜质评价指标体系，是基于自然科学家和自然科学工作者科研成就相关的特质，将自然科学博士生科研潜质分解成不同的基本维度，并从各个维度出发对自然科学博士生的科研潜质进行评价的分析型评价指标体系。由于前人没有得出过关于本研究的评价指标体系，因此，本研究采用自主开发模式中的自上而下式研究方法，形成自然科学博士生科研潜质评价指标体系。

（五）个性与个性化教育

英国教育家大卫·维塔纳（David Vitana）在《教育与个性》中指出："个性的概念众说纷纭、含糊不清，像是可望而不可即。"在哲学范畴中，个性（特性）和共性相斥，代表事物与事物之间的区别。在社会学范畴中，个性的含义通常被认为是指个人的行为不符合既定的社会规范并且具有非传统的含义。从心理学的角度来看，个性也可以称为"人格"，是指个体整体的心理表现，即具有特定倾向的心理特征的总和。人格结构则是特殊的、多层次的、多方面的具有完整结构的心理特征的总和[1]。综上所述，由于学科的不同，个性的定义也各衷一是，呈现多学科多视角的特点。

教育学范畴的个性概念，代表性的观点包括以下几个方面。第一，欧洲和美国学派认为个性的含义包括三个层次：（1）个体不同于动物性、工具性的人类属性；（2）个人在包括身心健康和社会交往等各个方面的和谐发展；（3）个体天生、环境影响、未显现或已有的兴趣取向[2]。这三个层次的含义是：（1）人格是人与动物之间的根本差异之一；（2）人格是人类身心和社会性的和谐统一；（3）个性贯穿个人成长的全过程并规制着个体的发展，即人格与人的成长发展相一致。第二，中国普遍认为人格包含三个层次：（1）个体尊严

---

[1] 朱智贤.心理学大词典［M］.北京：北京师范大学出版社.1991：01.
[2] 陈晓琴.个性教育研究的反思［J］.教书育人，2003（24）：5-7.

和完整的人格；（2）个体在生理和心理上的独特性；（3）个体的独立思想以及创造性思维或能力[①]。中国的教育研究者通常将个性理解为共性的反面，例如个体的创造力、主动性、独特性等。部分学者亦将社会性归于个性之中。尽管观点不同，但多数教育研究者认为个性应包含独立性和主观性。因此，本研究中的个性化教育概念也包括独立性和主观性的含义。

教育，即"educate"，"e"表示"出来"的意思，"ducate"表示"由……引导出来"。由此可见，教育是指基于个体的生理和心理素质差异而进行的、有意识地发展个体能力的活动，活动的目的是促进人类的发展和进步[②]。

参照前文个性的定义，个性可以视为个体全部精神世界，个性的内在表现是主观能动性，外在表现是独立特殊性。个性化的教育主要体现在对个体独立特殊性的关注上。个性化教育模式应当是丰富多彩的、不限制个人发展的、公平看待每个个体特殊性的一种教育。个性化教育理论的学者认为，"每个特体的独立特殊性是人类文化丰富多彩根本原因，也是人类文明不断进步的重要来源"[③]。甚至可以认为，人类文明发展的动力在于个体独立特殊当中，基于每个个体本身的个体独立特殊性是衡量个体人格发展的重要手段，可以认为文明的发展程度越高，个体自我实现程度越高。

个性化教育更加注重个体自身内在潜能和潜力的挖掘和引导，并

---

① 过广宇.素质教育的新思路：个性教育的理论与实证研究［D］.上海：华东师范大学出版社，2007：101.
② 胡鹏."教育"的词源学辨析［J］.文学教育，2016（17）：176、177.
③ 陈晓琴.个性教育研究的反思［J］.教书育人，2003（24）：5-7.

在与自然主义和中心主义一样，体现了对个体，即 "人"的终极关切。因此，个性化教育认为，教育活动必须适应人的发展，即根据身心发展规律，尊重个体受家庭、环境、情绪、人际关系和主观动能等因素形成的特征。个性化教育的本质应当是专注于人类文化内涵的传递，个性化教育的过程应当是逐步完成个体的社会化进程。

西方教育自古便注重个体个性的开发，并一直持续至今。古希腊时期，苏格拉底就通过预言或讲故事的形式进行教学，其目的不是灌输知识，而是探寻知识。在古罗马，昆提良的修辞学认为，教师应该乐于提出（问题），也乐于回答（问题）[①]。

中世纪后期到文艺复兴时期，人文主义教育着重对个体的解放和发展，主张"人性"的自由，并主张在许多方面引导学生个性的和谐发展。现代美国实用主义教育家杜威"在问题中学习"的观点，强调从实践中获取知识[②]；罗杰斯（Rogers）以"学生为中心"的教学方法最大限度地发挥了学生的主观能动性和创造潜能[③]；现代美国教育家布鲁纳和奥苏贝尔的"有意义的学习"侧重于发现学生个体特征的挖掘和引导。综上所述，以上教育家的教育理念，无一不是关注学生作为个体角色的特质，即个性的发展[④]。

在中国，尽管早在战国时期孔圣人便提出了"因材施教""有教

---

① 郭戈.西方近代的兴趣教育思想［J］.教育研究与实验，1987（03）：64-67.

② 王世珍.略论欧洲文艺复兴时期人文主义思想［J］.沈阳大学学报（社会科学版），2003，5（2）：14-17.

③ 朱校霖.（美）卡尔·罗杰斯."以学生为中心"教学观对当代教育的启迪［J］.学园，2013（19）：30，31，32.

④ 王小凤.布鲁纳与奥苏贝尔的两种发现学习之比较［J］.文教资料，2010，14（26）：147-149.

无类"的教育观点，但在封建专制制度下，为便于钳制民众的思想，封建统治者用"八股文"将知识分子的思想束缚在"三纲五常"的桎梏当中，使得中国古代教育从根本上不重视个体创造力的发展，而更重视"适应"。因此，现阶段我国个性化教育，应当从被动变为主动，从知识灌输向重视学习方法和分析思维的启发转变；在学习能动性上，从"强迫"的外在模式，转化为"主动"的内在模式，激发学生的求知欲，因为这种求知方面的需求只能源于学生的内在，即对探索知识活动本身所拥有的兴趣。总而言之，个性化教育应当是激发学生对问题的兴趣并激发他们的创造潜力。

综上所述，通过本研究得出：个性化教育是指，社会、政府、学校、导师通过一定的政策、规章、制度、方法，影响和激发自然科学博士生科研相关能力的发展，激发博士生创造潜能的教育。

二、研究的理论基础

（一）扎根理论

扎根理论（Grounded Theory）由芝加哥大学的社会学家巴尼·格拉泽（Barney Glaser）和哥伦比亚大学的安塞尔姆·施特劳斯（Anselm Strauss）于1967年首次提出。扎根理论研究方法是定性研究方法中的一种。[①]

所谓扎根理论研究方法是一种对现象进行归纳、分析和分类，以

---

① Edgington, Eugene S .Review of The Discovery of Grounded Theory：Strategies for Qualitative Research. [J] .Canadian Psychologist, 1967, 8a(4):360-360.

得出研究成果的研究方法，它一般通过系统性数据收集和分析，从而发掘、发展，并已暂时地验证过的理论，它在某一种场合可能指代一种研究方法，在另外一种场合则可能指代基于该方法而得出的研究结论。施特劳斯和科宾指出："扎根理论强调理论发展，扎根于数据本身，并在数据本身的基础上分析实际数据之间的持续交互作用，关键是数据分析的过程。该过程主要基于理论分析，并辅以文献推理。"通过扎根理论进行文献整理的过程称为解码（编码）。与其他定性研究方法相比，扎根理论收集数据的方法具有动态性的特征。因此，在进行扎根理论研究的同时，需要依照研究过程的阶段和研究目的不断修正研究资料的数据库，来达到丰富资料、饱和内涵，增加研究结果说服力和理论高度的目的。因此，文献数据的收集和分析是齐头并进、共存共生、循环执行的过程。标准化的扎根理论研究过程通常包括现象概念的界定、文献探索、数据收集和数据分类、数据分析和理论构建、理论饱和度测试、结论和建议六个步骤。

第一步，现象概念的界定。扎根理论的最突出特征是对现象概念的界定，研究问题的出现是自然生成的。换句话说，在研究开始时，研究人员应该在普遍、含糊地描述中寻找问题出现的情景，依照现象在不同情景中的表现，以及现象与不同主体客体之间的互动状况，发现和提出研究问题。

第二步，文献探索。通过文献数据库收集相关领域的大量研究文献，寻找可能存在的理论、理论差异以及理论空白，或者发现没有理论能够客观、有效地解释研究问题。这也是寻找研究方向的必要过程。

第三步，数据收集。扎根理论研究方法是一种基于现象，从现象中推导出相关理论的方法，这就要求在运用扎根理论研究方法进行研究的过程中，需要构建围绕研究问题的特殊数据库，数据库内容包括采访记录、文献和视频等资料。

第四步，数据分析和理论构建。扎根理论研究方法的核心是数据分析和理论构建的过程。根据扎根理论进行的数据分析也可以称为从编码到解码的过程，包括三个阶段：开放编码、主轴编码和选择性编码。所谓的编码是一种工作过程，包括数据的分解、优化，并在此基础上进行概念化和分类，最终重新整合研究数据，建立理论并不断更新的过程。形成的理论分实践理论和形式理论。实践理论是在原始数据集的基础上建立的，可以应用于描述特定情况下的特定现象，而形式理论是系统的概念体系或逻辑结构。一般对于新晋研究人员而言，如何基于扎根理论研究方法的特点，形成有实践价值的理论是研究的重点和难点。

第五步，理论饱和度测试。理论构建完成后，研究人员必须确定理论是否饱和，即新收集的数据是否对理论构成产生结构性影响。如果理论已经饱和（新收集的数据不再对理论组成做出新的贡献），则可以终止研究。否则，研究人员应当返回到第三阶段继续数据收集、数据分析和构建理论，直到理论达到饱和为止。这也是扎根理论"循环比较"的特点。

第六步，结论和建议。根据研究得出的理论，基于已有现实问题，提出有助于解决现实问题的基本原则和措施建议。

（二）基于社会建构论的语义学分析

社会建构论作为一种后现代思想潮流，对心理学的发展产生了重要影响。心理学中的社会建构论有四位主要代表。第一位是心理学家肯尼斯·格根（Gergen K.），他阐述了社会认识论的主张，其观点的核心是心理学的语言属性（肯尼斯·格根，1985）[1]。第二位是心理学家J. 普特（Potter），他是社会建构论中语义心理学的代表（Potter J, 1995）[2]。第三位是心理学家舒特·J. R. 格雷厄姆 M.（Shutter J. R., Graham M.），他重视"人与人对话过程所蕴含的文化背景"，因此，舒特的语义心理学流派也被称为"会话分析"流派（Shatter J., 1997）[3]。第四位是瑞切尔·荷瑞（Rachael Harry），他认为"元语言，即话语中的语义应是语义心理学的研究重点"。因此，荷瑞所代表的语义心理学流派具有明显的存在主义倾向（Harre R., 2003）[4]。尽管以上四种流派均属于语义心理学，不同流派之间也存在矛盾和冲突，但是以上流派对语义心理学的研究对象和分析方法比较接近。

从将语义学的相关理论应用于人格心理学研究领域来看，主要涵盖以下几个方面：（1）建立的知识是现实的"图像""表达"或"现象"。语义中不会存在历史和文化以外的知识，大众对于心理

① Kenneth J. Gergen. Social Constructionist Inquiry: Context and Implications ［M］. Springer New York, 1985:656-667.

② T. Robinson, M. Fotherby, J. Potter. Changes in the sweatspot test with ageing and relation to cardiovascular autonomic function ［J］. Clinical Autonomic Research Official Journal of the Clinical Autonomic Research Society, 1995, 5（3）:135-138.

③ Shutter J. R., Graham M., KinseyA. C.,et al. Hypothalamic expression of ART, a novel gene related to agouti, is up-regulated in obese and diabetic mutant mice ［J］. Genes Dev, 11（5）:593-602.

④ Rachael Harry, Georg Auzinger, Julia Wendon. The effects of supraphysiological doses of corticosteroids in hypotensive liver failure ［J］. Liver International Official Journal of the International Association for the Study of the Liver, 2003, 23（2）:71-77.

现象的理解会受到时间、地区、历史和文化等多方面因素的制约。
（2）个体内部并不存在诸如特质、兴趣、性格等心理现象，这些心理现象存在于人与人互动当中，所有心理现象应当是文化与历史的产物，是人类社会关系建设的结果，所谓的特质是对人类行为的分析、总结和归纳，是对人行为的描述（杨莉萍，2006）[①]。一般人格心理学认为"人具有一个稳定且不变的人格"，这种假设，可以理解为"在任何情况下，人们行为都应当和特质内涵保持一致"，但实际上，人的行为会"因地适宜"，在某种场景中，人们可能会由于"安全感"表现得"较为开放"，而在"威胁性"场景中，人们则会表现得"略显拘谨"，甚至"有些神经质"，因此，我们可以认为个体行为是与情景相对应的，是人与人交往、联动的结果。（3）语言不是具有特定含义的透明媒介，它不是表达思维内容的中立工具，语言是定义思维方式并提供思维基础的先验性知识。因此，社会建构者认为，所谓的心理状态和心理过程是通过语言构建的，并且语言不应当是"经验的"，而是"先验的"。语言提供了了解世界和区分世界构成的方式，语言不是思维的表达，而是定义了我们的思维（叶浩生，2003）[②]。从语义学的角度来看，传统心理学中的"动机""态度"和"情感"，实际上是基于社会建构主义的一种语言层面的表达。因此，心理学家对行为的研究不是寻找行为背后个体内在世界的原因，而是分析形成行为的话语以及能够产生心理特征的行为，因此，话语分析成为心理学研究的一种重要方法。

---

① 杨莉萍.社会建构论心理学［M］.上海：上海教育出版社，2006：471.

② 叶浩生.论理论心理学的概念、性质与作用［J］.湖南师范大学教育科学学报，2003（3）:58-61、70.

描述性研究方法（叙事分析），作为话语分析研究方法的重要组成部分产生于20世纪80年代，并在社会科学研究中广泛流行。叙事研究认为：叙事——讲述的故事，既是语言的表达，还包括了叙事的内容。叙事是意义的复杂构建，是大众感知世界和"内省"的重要方式。"能够明确地表达模糊的事件"也是人类进化过程中的重要成就。在社会活动中，个体所处环境的差异、人生经历的差别造成了社会建构方式（描述）的不同。"叙事为我们提供了人们表达身份和特质的入口，即故事的描述方式组织成了叙述者的性格和实际表征，同时叙事的描述方式也展示了叙事者的特质（施铁如，2003）[①]。"叙事研究方法与话语分析方法相同，而叙事研究方法的研究目的不仅仅是理解特体心理特征和抽象概念，还关注探寻生命的意义，并以此构建个体对世界的了解。社会建构主义心理学研究的观点涉及两个方面：

（1）从传统的心理学观点来看，人类的"驱力""动机""情感"和"个性"意味着人类行为的内在本质是社会的语言结构，不存在与话语无关的"精神实体"。

（2）语言始终是具体的、文化的和历史的，因此语义心理学中心理现象的含义与一般心理学不同。语义心理学认为，"心理结构"不应超越时间、文化、地域、历史的限制。

20世纪80年代，人格心理学对人生故事和生活叙述表现出了极大的兴趣，并且出现了许多叙述人格理论。这些理论基本上都认为生活故事本身就是"构建"的，是一种心理现象。因此，众多学者为之创建了一系列理论，包括汤姆金斯的"剧本理论"、麦克亚当斯"统

[①] 施铁如.后现代思潮与叙事心理学［J］.南京师范大学学报（社会科学版），2003（2）：89-94.

一人生故事模型理论"、赫尔曼的"自我对话理论"和胡克的"人格六焦点模型理论"。

（1）汤姆金斯的"剧本理论"

汤姆金斯认为情感是人类生活的主要动力，但场景和脚本是重要的组织者。汤姆金斯认为"人人都是剧作家"。戏剧的基本要素是场景，是对生活中某些事件的个人记忆，每个场景都是一个组织，包括人物、时间、地点、动作和情绪等方面。从时间上看，生活是从出生到现在的一系列场景。脚本是描述、创建、增强或保护一组相关"剧本"的一组原则。每个人都根据自己习惯的脚本不自觉地组织生活。人们将场景构建成一系列脚本式的过程并被心理活动放大。人们通常会为常见主题依照自身需求有意识且有效地构造积极的情景。

汤姆金斯提出了两个重要的概念：承诺脚本和核心脚本。在承诺脚本中，个人将自己绑定到代表强烈积极情感回报的生活计划或目标上。因为，个人均具有向往有理性的生活或社会的愿景，并努力实现或宣称为实现这一愿景而做出贡献。汤姆金斯认为，承诺的脚本通常源于某个非常积极的场景或童年时期的一系列积极场景，因此，人们常常秘而不宣地体验或重现该场景。核心剧本的特点是讨论了个体目标与行为现实之间所存在的混乱和矛盾，其成因是个体试图扭转核心叙述场景的景象并使不良剧本变成好的剧本[1]。作为一种新的人格理论，汤姆金斯的剧本理论将叙事置于人格的中心，它为人格心理学者提供了一种戏剧性、活灵活现的研究方法。

---

[1] S. S. Tomkins. Script Theory: Differential Magnification of Affects [J]. Nebraska Symposium on Motivation. Nebraska Symposium on Motivation, 1978（26）: 201-236.

（2）麦克亚当斯"统一人生故事模型理论"

麦克亚当斯基于詹姆斯"主我"和"客我"的区别出发。认为"主我"是叙述者，描述对象是"客我"，"客我"是"主我"的经验和生活。人们基于故事本身和讲故事的过程，理解自身所存在的社会。

麦克亚当斯"统一人生故事模型理论"非常重视生活故事的结构和内容特征。在结构上，麦克亚当斯生活的故事从简单到复杂最后变为高级别的"复杂性叙事"，反映了个体人生故事与他人人生故事的区别。麦克亚当斯认为，分析人生故事描述，应当专注描述的语气，认为描述的语气是生活故事整体的情感特征"从无限乐观到极端悲观，从平凡无奇到史诗般的期待"，各种叙述语气都表达了特殊的意向，这种意向是指人们描绘故事内容的隐喻、符号和表征等。意向的背景是特定信仰和道德背景下的故事或个人（叙述者）的信念和价值观。

麦克亚当斯认为，特质心理学的研究目的是提供对特质的解释，可以从三个不同的角度或层次进行讨论。第一阶段，通过趋势特征来表达个人。第二阶段，通过更具体、更能够表达意向的条件形成表达特质专业语言。第三阶段，构建和研究个体之间的区别，识别各人的性格，区分个人与他人之间的异同，并随着时间和理论的发展不断更新[①]。

（3）赫尔曼斯的"自我对话理论"

赫尔曼斯的"自我对话理论"中的关键概念是评估。评估是个人在考虑自己的生活状况时认为重要的任何事情。赫尔曼建议，不同的

---

① Dan P. Mcadams. The psychology of life stories [C]. 2001:202-204.

个人评级可以分为两个基本的激励系统：S激励和O激励。激励与自我奋斗过程中追求的其他激励有关，例如S激励包括超越、扩充、力量和控制。O激励则重视社会性，即个人与他人的互动、统一、亲密感的愿望等。

同时，赫尔曼斯根据正面感受和负面感受对评估进行分类，认为不同的人可以比较四个维度的不同水平：S激励、O激励、正面感受和负面感受。基于此，赫尔曼斯探索了表征特定人群的特定评估模型。在赫尔曼斯的"自我对话理论"中，一个人将自己的评估融入了一个生活故事中，这个故事使他的生活变得有意义。人生的故事不是某个个体的作品，而是与这个个体相联系的人和群体的共同产物。个人有多个讲故事的自我、并彼此交流，不断评估。但是，赫尔曼斯仍然认为，心理学可能在整体个人意义的融合中获得突破（Hermans，1988）[1]。

（4）胡克的"人格六焦点模型理论"

胡克的人格六焦点模型理论"建立在麦克亚当斯"统一人生故事模型理论"的基础上，在每个层次上增加过程的概念并在特质水平上进行了刻度式的划分，在行为构念维度上加入自我调控，在人生故事维度上增加自我描述，从而形成了三维三过程的"人格六焦点模型理论"。

六焦点模型的第一级是"特质"。主要描述"特质"的倾向特征，即行为在时间、环境变化时的一致性。这一级与之匹配的过程是"状态"。"状态"是个人的内部过程，包括动态变化或变化的可能

---

[1] Hermans, Hubert J. M. How to Perform Research on the Basis of Dialogical Self Theory？ Introduction to the Special Issue [J] . Journal of Constructivist Psychology, 21（3）:185-199.

性，而不稳定是"状态"这一过程的基本特征。六焦点模型的第二级是"行为构念"。"行为构念"包括目标、职业、动机等，目标、职业、动机等均被整合到特定的时间、地点和社会角色中，以反映个体独特的动态目标取向。与此水平对应的过程是自我调控，它是指控制和协调个人生活概念（例如自我效能、结果期望和控制感）的过程（石伟、尹华站，2004）[①]。六焦点模型的第三级是人生故事，"人生故事"是个体对于自身过去经历的一种描述。人们在重建过去、认识现在、展望未来的过程中，创造自己的生活故事，使生活具有连贯性，获得人生的存在价值，以及实现人生的追求。在人生故事的层面上，"自我描述"作为过程，在描述自己的人生故事和修改目标中起着重要的作用（Whitbourne，1985）[②]。每个人的生活经历都是独一无二的，个体通过"自我描述"，了解自身生活的核心价值，以便对个体未来的人格状况提供预测和解释[③]。

综上所述，本研究综合应用上述方法，选择通过对自然科学家的文献研究和个案访谈结果进行分析得出了自然科学家使用的高频词汇后，将高频词汇回归语境，整理出与特质相关的词汇，作为量化研究的基本材料，编制自然科学博士生潜质评价量表。

（三）创造型特质理论

科学研究作为生产新知识、创造新概念的工作，本质上来说是一

---

① 石伟,尹华站.人格六焦点模型及老化研究[J].心理科学进展,2004, 12（4）:573-577.

② Whitbourne S. K. Somesthetic and Vestibular Systems [M].The Aging Body. 1985:421.

③ Hooker, Karen, McAdams, Dan P. Personality and Adult Development: Looking Beyond the OCEAN [J]. Journals of Gerontology Series B: Psychological Sciences & Socia, 2003, 58（6）:311、312.

种创新型活动。在前文中，已经讨论了本研究的研究目的是探寻何种或者哪些种特质能够影响其未来科研产出。因此，在本研究中以创造性人格相关理论作为逻辑起点，构建基本研究框架，以期获得自然科学家和自然科学博士生与科研成就相关的特质。

创造型人格理论最初源于创造学个体取向主义的相关研究。1949年唐纳德·麦金农（Donald MacKinnon）在加州大学伯克利分校创立了IPAR，用于研究人格和能力测验。在创造性人格的研究过程中，学者们主要使用以下两种方法进行研究：（1）研究特质——个体差异中的一致、可信和有效的最小单位。加州大学伯克利分校的IPAR研究中心的研究人员主要采用这种方法；（2）研究人格类型——确定有限的人格类型，将个体分类。人格类型理论直到20世纪70年代才被心理学家广泛使用，其中最为著名的是迈尔斯—布里格斯类型指标。

最早提出具有理论价值的关于创造型特质的结果来自IPAR研究所的创始人麦金农在1978年的论文，他和他的同事们经研究发现，富有创造力的人的一般智力高于平均水平，并具有洞察力，观察力，专注力，擅长分享、平衡的性别特质。

他和他的合作者们发现，具有较高创造性的个体都具有以下特质：高于常人的智力；洞察力；观察力；机警；经验的开放性；平衡的人格（高创造性个体在女性气质上得分相对较高，尽管他们没有表现出娘娘腔，而且看起来也不像同性恋）；相对缺乏控制冲动和想象力的压迫机制；快乐和物质上舒适的童年（尽管这些学者自己并不认为自己特别快乐）；复杂性偏好[1]。

20世纪80年代，巴伦（Barron）、哈林顿（Harrington）、菲斯特（Feist）、塔尔迪夫（Tardif）和罗伯特·斯滕伯格（Robert J. Sternberg）研究发现了具有创造力的个体的其他特质：良好的表达能力；隐喻性思维；灵活决策；内部可视化问题的能力；独立性；含糊的容忍度；广泛的兴趣；吸引力；愿意克服障碍和耐心；愿意冒险；坚定地相信勇气；充满活力和独立判断能力；自治——能够确定一个目标，并有能力控制时间表和日常事务；自信（相信自己有"创造力"）；可以解决并接受自己明显的矛盾心理或冲突特质。

另外，一些学者也认为，富有创造力的个人的最重要特征是，他们能够识别职业中的"好问题"以及知道如何提出正确的问题。这也是高创造性的人往往在某个特别领域表现出创造性的原因："只有许多经验、知识和训练，才能识别出好的问题。"这一观点和从领域特殊性角度分析个体创造力产生原因的相关研究结果相一致。

从创造性和人格类型的角度来看，艾森克提出了三因素人格模型，并通过艾森克特质问卷测量了三个因素——神经质、外倾性和精神质。雷蒙德·卡特尔（Raymond Cattell）定义了十六种特质（八格二阶因素），并用十六种人格因素问卷（16PF）进行测量。20世纪80年代，一些研究发现，因素分析不支持卡特尔的十六种因素和三因素模型和MBTI的理论基础——荣格四因素或八因素模型。如今五因素模型被广泛地应用于特质测量。这五个因素包括经验开放性、尽

---

① Mackinnon D W .chapter title: intellect and motive in scientific inventors: implications for supply[M]. The Rate and Direction of Inventive Activity, 2017:361-384.

责性、外倾性、宜人性、神经质。

这五个因素中，经验开放性与创造性的联系最为紧密。经验开放性包括对想象（好的想象力）、审美（有艺术性）、情感（体验和评价情感）、行动（很有兴趣地尝试新鲜事物）、思想（有好奇心，能够聪明的迎接挑战）以及价值观的开放性（非常规和自由）。

创造力的量度与经验的开放性有关，但是创造力与经验的开放性并不相同，主要表现在两者之间的有效性似乎有所不同。King等人调查了75名大学生，要求他们列出在过去两年里的创造性成就，并让他们完成TTCT中的言语测验和五因素模型评估。在控制SAT分数的条件下，TTCT言语测验部分与经验开放性和外倾性呈正相关。在控制TTCT言语测验分数的条件下，开放性和创造性成就的偏相关系数为0.38。在控制开放性得分的条件下，TTCT言语测验分数与创造性成就的偏相关系数为0.25（King，1996）[①]。这些结果表明，创造力和开放度是重叠的，但是创造力和开放度都分别独立地描述了创造力表现的一些变化。

通过使用MBTI八格分量表去测量八种人格类型。艾德里安·弗恩海姆（Adrian Furnham）等人发现发散思维的测验得分与外倾性（而非内倾性）、直觉（非感觉）存在微弱相关，但效应值不大。回归方程中，这些效应仅仅能解释结果测验得分变异的5%（Furnham et al.，2009）[②]。

---

① King, Maxwell L. Graduate research supervision: Does economics and econometrics have the potential to provide greater satisfaction? [J]. New Zealand Economic Papers, 30（1）:109-116.

② Adrian Furnham. The Importance and Training of Emotional Intelligence at Work [M].Assessing Emotional Intelligence. Springer US, 2009.

需要注意的是，这些发现都是基于一种假设，即创造性是领域的一般性特征，也就是说所有具有创造力的人都应当具有的特征。但是创造性人格可能随着领域的变化而不同，就像外向的个体不会选择哲学家这种需要"沙发上思考"的职业，而内向的人也很少去选择做演员这种需要面向大众的事业。

（四）心理测量理论

本文基于管理心理学中心理测量理论的相关研究，对自然科学工作者和自然科学博士与科研成就相关的特质进行研究，以期得到科学合理的《潜质体系》。

心理与教育测量理论的发展经历了三个阶段：（1）应用真分数理论的经典测验理论阶段；（2）概化理论阶段；（3）项目反应理论阶段。经典测验理论是历史上的第一个测验理论，也是测验的最基本的理论，应用极为广泛。现代测验理论大多是基于经典测验理论的研究基础上为解决某一个问题而开发的。如针对经典测试理论的可靠性问题开发了泛化理论，为克服经典测试理论中项目参数和其他指标的可异变性开发了项目响应理论。

经典测试理论，是默认将测试分数视为真实分和误差分的线性组合，并在此基础上提出了可信度、有效度、项目分析和标准化等一系列测验参数。经典测试理论体系非常完善，是衍生其他测试理论的基石。但是，经典测试理论在方法构建方面和测验结果层面存在一些缺点，如测量精度不足、可靠性很大程度上取决于样本组、无法满足误差独立于实际分数的假设等。为了解决上述问题，克朗巴赫（Kronbach）等人提出了概化理论。

概化理论（GT）也称为扩展理论，其基本概念是所有度量均处于特定的情境关系中，度量应在情境关系中进行特定检查。依据测量任务，度量的情境中提出了多个真实分数和不同置信系数的概念，并设计了一系列方法来系统地识别造成实验研究多个误差方差的原因。GT理论在研究测量误差时具有更大的优势，可以为各种测量场景估计不同的测量误差源，提供有助于改进测试和提高测量质量的有用信息。缺点是统计计算非常复杂[①]。

无论是经典的测量理论还是扩展理论，测试内容的选择、项目参数的获取和常数模型的制定都是通过测试特定样本而形成的。因此，项目响应理论（IRT）应运而生，可以说IRT理论是为了克服传统测量理论的不足而发展出的新型测试理论[②]。

项目响应理论研究基于对潜在特征的假设，并从项目的特征曲线开始的。所谓项目的特征曲线是基于可以可靠地反映测试对象水平的特质分数代替试卷上的总分（作为回归曲线的自变量）。测试中回答正确的概率对应特质分数的线性回归结果，就是项目特征曲线（ICC）。项目响应理论研究的一个重要任务是确定项目特征曲线的形状，然后编写该特征曲线的解析公式，即项目响应函数，也称为项目特征函数（ICF）。与经典测试理论和概化理论相比，项目响应理论具有四个优点：第一，受试者的能力评估受到测试项目特殊选择的影响；第二，项目响应理论模型的项目参数估计与样本无关；第三，项目响应理论的能力参数和项目难度参数的匹配，即项目难度参数

① Hagtvet K. A.. Generalizability Theory [M] . Springer Netherlands, 2014.
② Weiss D. J., Yoes M. E.. Item Response Theory [J] . Evaluation in Education & Human Services, 1991. 1 （3）:577-636.

和能力参数的定义范围相匹配；第四，个体特质水平是参照模型测得的，测量误差比较容易获得。

运用IRT理论进行研究时，一般需要四个假设来进行参数估计。

第一，关于一维潜在特质属性的假设。在语言测试中，特质通常指语言能力，之所以称为潜在特质，是因为能力或特质可以根据执行行为的能力来进行判断或推理，而不能直接测量。一维潜在特质属性也可以称为潜在特征空间。即，如果目标的行为由K个潜在特质确定，则该一维潜在特质空间将由K个潜在特质组成。简而言之，模型描述的能力只是影响目标响应的因素，而这组能力代表了完整的潜在特质空间。当特质构成维持一维假设时，整个潜在空间仅包含一种能力。通常，IRT测验对象正确响应的概率可以归因于对象的特定特征或能力的状况。用几何术语来说，每个潜在特征中个体的位置都可以看作是K维空间中的一个点。在IRT的大多数实际应用中，更常见的是将潜在特征空间假定为一维。一维意味着参与者是由于某个单独的能力或特征因表现出某些特性，在一维情况下，其他潜在的特征或能力可以忽略。换句话说，项目测量变量只是知识、能力、特征等的一种[①]。一维潜在空间假设是最常见的。这是因为测试编写者通常希望组织一维测试，以提高某一种测试分数的描述能力。测试编写者通常希望获得一个一维的分数，例如某一种测试的总分数，不论其解释力如何。当然，在某些情况，下一维假设不能严格满足，因为总是存在影响特质的干扰因素，例如动机、测试焦虑、表现速度、测试复杂性

---

① Ellis, Barbara B, Kimmel, Herbert D. Identification of unique cultural response patterns by means of item response theory [J]. J Applied Psychology, 77（2）:177-184.

（或测试误导）等，同时在测验过程中，研究者也发现认知技能也会在一定程度上影响测试的表现。但是，只要存在主要成分或因素，就认为该主要成分或因素是测试测得的能力。综上所述，潜在特质空间可以是一维或多维的。尽管在多数情况下调查专家也无法严格保证所测潜在特征是单独维度的，但仍期望如此。因为只有这样才能定义功能和各种参数，并且能够将所有参数拟合于一个量表中，从而可以有效地解释和预测分数或能力。

第二，参数独立假设。爱德华·J.罗德兹（Edward J. Rhodes）和诺维克（Novik）认为，当同时处理多个项目时，通常是需要假设局部独立才能有效解决项目特征函数问题。该假设意味着只有受试者的能力和测试项目的特征才是影响受试者性能的因素。如果满足局部独立假设，则参与者可以获得测试分数的总概率等于每个项目的概率乘积。每个项目获取得分的可能性仅取决于项目参与者的能力。因此，从参数独立的角度来看，在某个题目上正确给出答案的概率仅取决于该被试者的特质水平和题目的技术要求，而与其他题目无关。另外，测验是否是一维或多维并不会影响局部独立性，一维或多维测试与项目是否彼此独立无关。因此，如果测试仅测量某个单独特质，则多维测试项目之间不应存在局部独立性[1]。

第三，项目属性函数的假设。项目反应理论的主要特征是在受试者的能力和项目参数之间建立函数关系，并将其描述为项目特征函数，一般表达的是受试者对特征分数做出准确反应概率的回归曲

---

[1] Sedat Sen, Allan S. Cohen, Seock-Ho Kim. A Comparison of Algorithms for Dimensionality Analysis [M]. New Developments in Quantitative Psychology. Springer New York, 2013.

线。这样，研究人员可以选择相应的模型以基于其他响应数据来估计参数。

第四，非速度假设。除了开发自己的基本理论系统、模型类型、数据模型拟合测试方法和参数估计方法外，项目响应理论在实际应用开发过程中也取得了很大的进展，特别是指导编制方面。伯恩鲍姆（Birnbaum）和费希尔（Fisher）在测试信息结构度量的过程中，通过设置能够影响测试结果的测试信息目标函数，从根本上改善了测试准备准则。在此基础上，学者们开发了多种测试编制的方法，尤其是就有参照目标的测验编制方面，有以下三点进展：（1）改善了经典测验理论对测验影响薄弱的局面；（2）适应了计算机时代的发展；（3）项目反应理论和认知诊断模型结合了统计学和认知心理学，并使用测量模型直接探索人类的认知结构。

项目反应理论针对客观现实，从微观出发，使用数学建模和统计分析方法，分析被测验者的相关能力。因此，在现实潜质评估和能力测验的场景中，项目响应理论相对经典测试理论显示了远超前者的理论优势和适用性。

（五）个性化教育理论

构建基于自然科学家特质分析的《潜质体系》的最终目的是进一步推进博士生的个性化教育，所以个性化教育的相关理论是指标体系实施的理论基础。

人格的发展不仅是人类发展的本质，而且是社会发展的源泉和教育改革的目标。在"以人为本"的科学发展观念指导下，重视个体发展已成为教育改革的必然趋势。

个性化与统一化相对，重视个性化的本质是差异发展。这些差异体现在个体兴趣、能力、个性、理想、价值取向和行为上。由于这些差异的存在，每个人都变成了一个充满多样性的"完整的"个体，每个人都通过自己的差异来确认自己的存在意义。主要包括生理和心理差异的两个方面：

（1）生理差异。生理差异源于基因序列的差异，不同的基因型，人的智力和行为趋势差异很大。这些差异主要表现在颜色和听觉的敏感性、气味和味道的感知度、逻辑推理能力、语言能力、记忆力等多个方面。影响学生成长发育最直观的生理差异是神经系统特征的差异。根据帕夫洛夫的研究，人类神经类型的差异可分为三类：艺术家型、思考者型和普通型。神经类型不同的人通过"神经特征"选择适当的培养方向和方法，可以事倍功半。西方学习风格流派认为，学生学习风格的生理因素包括学习时间偏好、直觉反应、声音偏好、亮度偏好、温度偏好、行为偏好（动态—静止偏好）。学习风格可以根据每个人的喜好分为不同的类型，例如，对不同感知通道的偏好可以分为视觉学习者、听觉学习者、动态学习者和混合学习者。如果我们可以采用与其类型学习者相对应的教育方法，则可以获得更好的教育效果。

学生之间的生理差异也反映在多个方面，如身高、体重、发育程度等。因此，应当重视"因特施教"，这也是发展个体性的有效途径。

（2）心理差异。一个人的心理差异体现在智力、能力、气质、特质、需求、兴趣和个人理想等。可以分为以下两个方面[1]：

---

① 王前新. 大学生个体心理差异分析［J］. 教育与职业，2006（24）：42、43.

①智力因素是影响人才的重要因素。学生的智力有很多差异。就智力类型而言，智力要素通常分为六个维度：感知、记忆、思维、想象力、语言和操作。不同的组合构成不同类型的智能①。就智力发展水平而言，智力可以表示为超常、正常和低能。通常，智商高于130的人被认为是智力超群，这些人约占总人口的1％。智商从129到110的人被认为智商高，约占总人口19％。智商从109到90的正常智力人，约占总人口的60％。智商从89到70被认为智商低，约占总人口的19％。智商低于70的智商是智力低下，约占总人口的1％。另外，根据智力表现年龄来衡量，有些人被称为"早熟"，有些人"晚熟"。

②非智力因素具体表示为需求、兴趣、性情、性格等。有些人也称它为情绪指数（EQ）②。

非智力因素决定了一个人心理活动的动态性质，并在一个人的自我实现中起决定性作用。马斯洛的需求层次将人类需求从低层到高层划分为七个层次：生理需求、安全需求、归属感和情感需求、尊重需求、知识需求、审美需求和自我实现需求。每个人对相同需求的认识水平不同，并且不同的人以不同的方式满足其自身的需求。每个人的兴趣都是不同且不稳定的。底层特质的差异与生理差异密切相关，早期特质理论认为，人格特质与需求相关，按照神经元活动兴奋、稳定和圆滑程度，分为胆汁、血液、黏液和抑郁四种类型。每个个体都是这些类型气质的特殊组合。气质不能决定一个人的社会价值和智力水平，但是会影响一个人的特质和智力发挥的方式。特质是个体对现实的态度和行为层面相对稳定的心理特征。特质对学习态度、学习风

---

① 林崇德.从智力到学科能力［J］.课程.教材.教法，2015（1）：9-20.
② 栾昌海.应重视非智力因素的培养［J］.学子，2004（6）：9.

格、学业成就以及未来职业选择有很大影响。

个性化教育的目标是增强个人优势。充分挖掘和开发每个人的智能特点是当前教育面临的最重要任务。从多智能理论层面来看，只有充分发挥个体的优势实现个体不同在领域智能的充分发挥，才能使得个性得到充分展现，让每个人在各种社会需求和频繁的职业变化的背景下实现教育目标，实现个人的全方位发展①。

此外，教育在挖掘和开发学生智能方面也起着决定性的作用。只有通过系统的、有目标和有计划的教育活动，在导师的指导下，学生才能充分发现自己的潜在优势。在外部教育的影响下，受教育者利用自己的主动性将潜在优势转化为个人能力。这是实现"有意义教育"的必经之路。因此，加德纳的多元智能理论为实现个性化教育带来了新的思想和方向。多元智能理论强调个性化教育应基于尊重学生的个体差异和重视受教育者潜在优势的前提，通过精心设计的教育内容和科学合理的教学方法，充分挖掘、发展学生的潜能。在对学生进行教育的过程中，应当减轻对智能和逻辑（数学智能）的重视程度，加强对其他领域智能的重视。对于那些在优势智能不属于传统学校教育重点的学生，应注意学生自信心的构建。教师和学校应当以鼓励的眼光看待"差生"，用"善于发现美的眼睛"发现学生擅长的智能领域，以便他们能够充分发挥潜能。

三、研究假设

实证研究一般以假设为起点。研究假设是研究问题的具体化，是

---

① 兰梦云. 从多元智能理论的角度看全面发展［J］. 宿州教育学院学报，2009（3）：6,14.

研究者根据有关事实和已有知识，对研究结果提出的一种或者几种推测性的判断或结论。本研究通过对人的特质类型、科学家特质和博士生潜质评价等研究部分提出以下理论假设。

（一）通过观察人的行为可以发现人的特质类型

首先，在人格心理学相关研究中，人被认为具有个体差异。特质理论认为，个体具有内向和外向、情绪稳定、诚实、自信、责任感、成就动机、开放性和活动性等区别。人格类型理论认为，个体行为的动机来自不同的动机方向。

其次，行为心理学研究认为，人类行为是有原因的，相同原因的行为趋近一致。因此我们能够通过探求行为，寻找行为背后的原因。通过心理测验，了解人不同的心理特征，从而发现不同行为的原因。因此，本研究能够运用扎根理论研究方法、访谈、问卷调查等方法对人的行为进行观察、测量和评价，了解鉴别一个人或一类人的特质类型。

（二）分析反映科学家行为的相关文献资料可以发现其特质类型

从特质类型的相关研究中可以发现，许多科学家均运用了文献资料分析方法进行研究，例如，为了探索更多与性格相关的语言，Fast &Funder使用了自我报告法、性格评估方法和行为编码方法，对被访谈者的文字资料进行了分析，分析结果发现了以往研究未发现的词语类型，如确定性词汇、名词词汇、动词词汇、定冠词词汇等。研究表明，确定性词汇与智力和判断力相关，经常使用该类词汇的人是聪明、考虑全面、自信和受欢迎的。奥伯兰德（Oberlander）和吉尔（Gill）分析了文献中句子中连续单词的含义，发现外向的人更喜欢形容词，而神经质分数较低的人更喜欢使用副词等。综上所述，这些研究成果都说明了通过分析相关文献资料可以发现其特质类型及其表征。

（三）体现自然科学家特质的自然科学博士生可以预测其未来发展的方向

所谓科学家的特质，是个体成为科学家并从事科研活动所必备的基本条件。过去也有人表述为"科学家的品格和素质"，认为两者（品格、素质）"是两个不同而又密切相连的概念，它是科学家的心理、知识、智力、思想、品德诸因素在心理上、精神上、行为上和习惯上的一种综合表现"。

从国家和地方各级院校的博士研究生培养的相关文件中可以发现，博士研究生的培养目的基本可以认为是为了使其成为未来的科研工作者，或者能够在其工作岗位充分发挥其科研才能的人，所以在本研究中假设博士研究生的潜质与自然科学家的特质应当相同或相近。

唐纳德·佩尔兹（Donald C. Pelz）和弗兰克·安德鲁斯（Frank M. Andrews）发现，研究机构中高产的科学家在其人生经历早期具有很高科研动机和探索动力（Pelz，Andrews，1966）[①]。泰勒·C. W（Taylor, C. W.）和埃里森·R. L.（Ellison, R. L.）分析了来自NASA的2000名科学家和工程师，发现这些科学家和工程师在人生经历早期中就具有独立、理性和自信等方面的特质

---

① Donald C. Pelz, Frank M. Andrews. Autonomy, coordination, and stimulation, in relation to scientific achievement [J]. Systems Research & Behavioral Science, 1966, 11（2）.

（Taylor, Ellison, 1967）[1]。在上述研究结果中，我们可以发现科学家特质既包括个性特质，也涵盖工作习惯，并主要集中于兴趣与动机、勤奋与志向等多个方面，这些方面从人生经历的早期一直延续至其获得科研成就。据此，本研究进一步假设体现自然科学家特质的自然科学博士生未来将更容易获得更高的科研成就。

（四）博士生潜质评价指标体系能够有助于博士生招生和个性化教育

基于自然科学家特质分析的《潜质体系》，在满足描述、评价、预测功能的基础上也应当具有导向功能。本研究假设，运用基于自然科学家特质分析的《潜质体系》能够筛选出有科研潜质、有培养价值的自然科学博士生，为进一步培养做好准备。同时通过量表描述的维度，能够为导师、高校和相关教育管理部门制定有针对性的、从个体发展出发的个性化教育措施提供咨询性依据。导师、高校和相关教育管理部门在博士生教育过程中运用《潜质体系》有利于发挥博士生个人科研潜质的长处，弥补不足，促使其成为未来优秀的自然科学家。

---

① Taylor, C. W, Ellison, R. L. Biographical Predictors of Scientific Performance [J] . Science, 155（3766）:1075-1080.

第三章　博士教育和评价的历史与现状

一、国外博士教育和评价的历史与现状

（一）中世纪博士学位教育和评价的历史

高等教育起源于公元前5世纪的雅典，但真正意义上的博士学位在12世纪中世纪大学（studium generale）中正式出现。12世纪之前，博士只是描述性的单词，而不是正式名称。如果有人开办学校（个人创办或在主教当局和主教代理人的许可下开设的学校），则称为教师或博士。根据已有资料，这些开办学校的人所获得的博士头衔，一般是指已经学习了一段时间，离开学校并获得教师颁发的学习成绩证书的人。在这一时期，如果某人在姓氏之前加上博士称谓或头衔，则意味着该头衔的所有者已经完全掌握了他所研究的学科的知识，博士头衔的获得者可以致力于教授该学科并拥有所有从事学术治理工作所需的所有条件。从这个角度来看，12世纪前对博士头衔的普遍态度是赋予其真正的社会尊严，以便利进入特权和贵族社会。因此，那些从事教学的博士一般被称之为"摄政的"博士，即regens

或atcu regens，很快这个分词变成名词（a regent），如今剑桥大学仍然在博士学位授予时使用这个词。

中世纪大学出现之后，博士头衔的获得过程成为一种大学声称它们所独有的、表示其地位的、被详细描述的程序，并且这个学位授予过程，硕士学位的授予也包含在内，一般包含三个阶段：

第一阶段，经候选人教授的同意，认为候选人已达到足够高的水平，候选人可以向大学相关部门和校长，尤其是教育长提出请求。教育长通常和硕士陪审团一同检查候选人是否已经完成了规定的学习年限，以及候选人是否完成了学位获得前必须进行的练习、阅读和辩论。

第二阶段，实际测试。该测试在文献中经常被描述为"封闭的""严谨的"测试。这个阶段也在院长和陪审团的审视下进行。通常，测试主要内容是候选人针对他支持的特定问题或"论据"进行辩论，论题一般在前一天晚上或测试当日早晨抽签决定。如果考生通过了前两次考试，则认为他们已经"毕业"（准硕士学位资格）。遗憾的是，教育长给出这个评定仅证明了他的学业成绩，没有赋予学位申请者在大学任教的资格。因此，申请人必须参加第三次考试。

第三阶段，这一阶段一般被描述为"公开的"考试。考试的时间，一般在准硕士学位授予资格获得后不久。一般在此使用的术语是"开始（Inceptio）"或"就职"。从严格意义上说，这种公开考试只是一种具有宗教意味的仪式，它通常在教堂举行。仪式通常包括祈祷、学术演讲和授予硕士学位身份的表征物，即四角帽、手套和书籍。在此之后，候选人将举行一次试讲，通常是学位申请者与学生们共同就某话题进行辩论。这个仪式具有多重意义，不仅表明候选人具有教学的能力，而且标志着他进入博士群体，被他的同辈认识和承认。

从某种意义上来说，中世纪大学的博士学位授予过程是法定的必要。就当时的术语而言，谈及文学和法学的最高学历一般都是硕士，神学和医学才会被授予博士。在14、15世纪之前所有获得准硕士学位资格的人都能成为硕士和博士。如一些文学院或神学院，硕士和博士这两种称号几乎相伴随。虽然博士学位给予拥有者相当大的声望，但有趣的是许多硕士学位获得者并不会申请博士学位，因为这个称号不但比普通学位的代价要高得多，而且并不会带来进一步的智力发展。因此，博士学位只对那些希望留在学校任教的人来说是必需的。

（二）西方近现代博士学位教育和评价的历史

1810年德国柏林大学的成立标志着现代意义上大学的诞生。现代大学以科学研究为主要职能，以人类知识的增长和培养科学工作者为主要任务。他们主张"学术自由"和"教学与研究的统一"。在柏林大学，哲学学院取代了旧时神学学院的位置，成为该大学的精神中心和科学研究的发源地，并且，诞生了由哲学学院授予的哲学博士学位。哲学博士学位的建立标志着现代博士教育的开始。哲学博士旨在培养"科学后继者"。学生获得博士学位的必要条件是在导师的指导下进行科学研究、参加由导师组织的研讨会、获得具有创造性的研究成果并完成论文。

19世纪下半叶和20世纪初，英国、美国和法国在德国的影响下，引入了以研究为导向的博士培养模式，该模式强调博士研究生在大学中应以科学研究为重点。例如，1870年，英国皇家发展科技和教学委员会提倡在大学设立科学博士学位，并提出"应按照学生的创造力，而不应仅按照学习成绩来授予此种博士学位"。随后，伦敦大学率先设立了自然科学博士学位。剑桥大学和牛津大学分别于1882年和1890年设立了理学博士学位，并分别于1917年和1919年设立了哲学博士学位。在1918年之后的五年中，英国授予了近800个哲学博士学位。在多数大学和学科中，拥有博士学位成为进入学术界的主要资格，同时也是教学和学术研究的必要条件。

德国大学的经验对美国博士学位的建立起了重要作用。在德国的影响下，美国对大学进行了改革。1860年，耶鲁大学率先设立了哲学博士学位。1876年，霍普金斯大学建立了世界上第一所研究生院，其成立目的是为方便培养和管理博士研究生。

美国借鉴了德国哲学博士培养经验，但并没有完全照搬，而是结合了自己的实际情况，逐步形成了具有特色的博士教育模式和培养目标。美国打破了德国纯学术研究的传统，将知识的发现、传播和应用作为美国博士生教育的目的。进入20世纪，尤其是第二次世界大战之后，应社会需求，美国的博士教育在政府的支持下，迅速发展并适应了高等学校和社会众多领域对高级人才的需求，成为英国、法国和德国等效仿和学习的典范。

自20世纪90年代以来，经济和技术不断更新，国际竞争日趋激烈，知识更新越来越快，学科分化愈发细致。各个行业都需要更高层次更高专业能力的科技人员。欧洲国家之间在政治，经济和社会领域的交流与合作越来越紧密的大背景下，迫切需要欧洲各国整合高等教育，形成各国相互认可的学分和学历，以进一步增进成员国之间的人才交流。德国政府倡导并积极参与了欧洲高等教育的融合进程。为了顺应即将到来的改革，1998年8月，德国修改了《高等教育框架法》，试行国际通用的学士和硕士二级学位制度。1999年6月，德国和其他28个欧洲国家在意大利的博洛尼亚签署了《博洛尼亚宣言》，宣布欧洲高等教育区（Europaischer Hochschulraum）将于2010年建成，从而建立了本科和硕士两级制度的高等教育学位体系。2003年9月，德国又与其他《博洛尼亚宣言》参与国在柏林召开会议，将博士教育阶段纳入"博洛尼亚进程"中，由此形成了包含学士学位（3至4年）、硕士学位（1至2年）和博士学位（3年）的学位制度。

客观地讲，博洛尼亚进程促进了德国博士学位的现代化和国际化。改革后，德国博士学位教育体系与国际认可的学术体系保持一致，从而缩短了学生获得学位的时间。课程模块的设计和一致的学分转移系统提高了专业学习的透明度，从而利于大学专业之间的相互认可和比较。特别是加强了博士教育相关内容管理。值得一提的是，各高校通过开设研究生院并加强跨学科教育，从独立科学研究转向团队合作，为培养高素质人才、提高博士生科学创新的精神，进一步从事科学研究做足了准备。

自20世纪末到21世纪初，美国学界对博士教育目的这一关键问题进行了深入的调研。2000年，华盛顿大学由佩鲁慈善基金会资助，并出版了由乔迪·D. 奈奎斯特（Jody D. Nyquistt）和博汀·J. 伍德福德（Betting J. Woodford）编写的《重新审视哲学博士——我们关注什么》改革方案。此改革方案的目的是解答以下问题："哲学博士学位应当如何进行改变，以满足新世纪社会的需要？"报告指出"本科教育的快速发展导致（实验室）需要研究生助教，这种现状造成越来越多的人正在寻求哲学博士学位，这超出了学术界的需求；社会各界希望科学发展，因此实验室对科研助理的需求不断增加，从而导致某些领域的科学家过剩"。尽管大多数观点认为博士教育已为高质量研究做好了准备，然而博士教育是否应该仅为"科学研究"这一目的服务的充分性却受到广泛质疑。如商业界认为博士生缺乏协作思想以及相关的知识活动的能力，并且认为博士生的毕业论文与现实生活中的实际问题相脱节。学生们则反映"博士学位的获得过程令人厌烦，甚至难以忍受"。一些最优秀、最聪明的学生正在由于其他原因逐渐离开了博士学位教育。这些观点存在于博士生、博士生导师、为博士提供直接或间接资助的组织以及已获得博士学位授予权的组织或机构中。

就博士教育目的而言，此报告指出了研究机构与企业界之间的差异。博士教师和研究机构认为，哲学博士是学术学位，理应为学生提供学术上的准备。但是商业界认为，哲学博士必须具有广泛的专业知识，博士学位教育应当为学生提供各种职业选择的准备。这种分歧不只是各个组织的组织倾向，实际上，同一机构内部可能存在反对意见。例如，一位大学教务高管认为，博士学位教育应包括商业和政府所需的各种专业知识和技能；而另一位大学院长则认为，其他部门的需求与博士学位无关。

尽管存在各种差异，但仅对博士学位教育改革而言，各方仍有以下共识：缩短学位获取时间、研究博士学位教育的实质、培养博士生的多方才干、培养博士生多种专业技能、加强博士生实习、加深学校对全球经济和环境的理解、强化博士教育过程中的跨学科培训。

2001年，卡内基教育促进委员会（CID）进行了为期五年（2001年至2005年）的研究，重点研究了六个学科，其中包括化学、教育、英语、历史、数学和神经科学。卡内基博士教育报告《重新审视博士教育的未来：为学科领袖作准备》于2006年发布。报告指出，21世纪进行博士教育，其目的应当是培养"学科领袖"。学科领袖是已经养成思维习惯并具有执行四件事（创新、知识保留、转化、应用知识）能力的学者。

卡内基博士教育报告《重新审视博士教育的未来：为学科领袖作准备》指出，哲学博士学位本质上是一个学术研究型学位，学位获得者必须证明他们参与研究和学习的能力。（1）知识创新领域的学科领袖必须能够评价、批判和捍卫知识主张，提出关键性问题。学科带头人应当充分理解学科的历史和基本思想，应当负责维持知识的发展、稳定和可持续性。（2）哲学博士必须在充分了解学科的基本知识的前提下，明确了解自己应当支持和反对哪些思想。此外，学科领袖需要了解如何使学科适应知识环境，尊重其他学科的问题和范例，以及能够明确回答学科中的重要问题。（3）应用知识转换能够对知识进行有效而清晰的描述和交流，包括写作、演讲和应用。也就是学科领袖不论其实际履历如何必须具备与他人交流传递信息、知识和技能的能力。（4）一般某一类知识可以适用于众多场景，学科领袖必须了解该知识的应用范围，同时能够与技术人员或公众交流。另外从知识应用角度来看，也需要学科领袖进行跨学科交流。

综上所述，国外博士生教育制度从中世纪开始发展至今，经历了从为学校培养教师，到专注培养科学研究人才，再到培养满足社会需求的人才，最后回归知识本身重视培养创新、保存知识、转化知识、应用知识能力的四个阶段。因此，从博士教育的目的来看，在国家、社会多方面需求的今天，博士生教育的目的应当从仅仅专注博士生的科研能力的单一取向，开始向学术型博士专注培养其科研能力，专业型博士专注培养其社会工作技能的研究取向多元转变。但是需要注意的是，无论何时何地何国，博士生教育专注培养博士生创新能力、知识的掌握程度、转化应用知识能力，专注训练博士生科研相关技能的本质从未发生改变。

二、中国博士学位教育和评价的历史与现状

中国博士研究生教育的历史最早可以追溯到20世纪初的上海圣约翰大学。从我国博士学位发展的历程来看，我国经历了从民国时期照搬英、美、德、日博士教育模式，到新中国成立后沿袭苏联模式所建立的"副博士—博士"制度，再到改革开放以来充分学习其他各先进强国的博士教育模式之后，形成具有"中国特色"的博士生教育制度三个阶段。

（一）民国时期中国博士学位教育和评价的历史

1.民国时期博士教育的背景

（1）教会大学为民国时期博士研究生教育提供借鉴

中国的西方教育体系移植从在中国办学的基督教传教士开始，基本可以认为"我国研究生教育肇始于晚清时期的教会大学"[①]。这些教会大学为了与清政府建立的高等教育机构竞争对中国年轻人的影

---

① 刘腾.民国时期研究生教育的历史考察与思考［D］.曲阜：曲阜师范大学硕士学位论文，2011：4.

响力，最初中国创立的教会大学均在国外注册。例如，苏州大学于1902年在美国得克萨斯州注册，上海圣约翰大学于1906年在美国注册，同时上海圣约翰大学"设文理科、医科、神学科，得授予美国大学毕业同等之学位"①。南京金陵大学于1911年获得纽约州的认可，"学生有能按照美国纽约州大学董事部所拟本堂大学课程，读毕即与以文学士凭单"②。上述在美国注册的大学，其学生毕业后，可免于州立大学或挂靠大学的考试直接进入注册地大学进行学习，也可以授予挂靠大学的相关学位，如此一来，间接提高了国内教会大学的声誉。另外，美国的挂靠大学在此背景下，根据实际情况也提高了本校的教育和入学要求、延长了学习时间。例如，圣约翰大学（St. John's University）在1906年将大学课程从三年改为四年，然后再模仿美国的三级学位制度，尝试进行研究生教育，"大学毕业后，授予学士学位；在校继续攻读1至2年并通过论文答辩后，授予硕士学位；再攻读1至2年并通过更为严格的论文答辩后，则授予博士学位"③。

随着教会学院的建立，拥有硕士学位和博士学位的校长和外教人数不断增加，涵盖了哲学、文学、法律、科学和医学等许多领域。这些教会大学成为中国人了解和接受西方学位制度的重要窗口。费正清表示："传教士作者们逐渐地变得欣赏起中国文化传统并受其所影响。他们试图在这种文化中扮演学者的角色，进而影响和改造这种文

---

① 卜舫济.圣约翰大学沿评［J］.中华基督教教育季刊，1925（2）：5.
② 朱有瓛，高时良.中国近代学制史料：第4辑［M］.上海：华东师范大学出版社，1993：587，447-450.
③ 周洪宇.学位与研究生教育史［M］.北京：高等教育出版社，2004：264.

化。他们发现自己在双向通道上忙碌。他们把中国的形象传递给西方，同时又在帮助中国人形成对外部世界的看法[①]。"

（2）中国留学生对民国时期博士研究生教育产生的影响

随着政府体制的变化，在民国早期，教育革新是势在必行的。在海外教育受到广泛关注的背景下，民国政府宣布了各种相关的留洋政策。1913年，教育部专设立"留学科"，管理出国留学相关事宜。

1913至1916年，民国政府为加强海外教育的规范和指导，相继颁布了《经理欧洲留学生事务暂行规程》《留欧官费学生规约》《管理留学日本自费生暂行规程》《经理留学日本学生事务暂行规程》《各省官费留学生缺额选补规程》和《经理美洲留学生事务暂行规程》等一系列法规，加强对留学教育工作的规范和指导。1916年，颁布的《选派留学外国学生规程》统一了海外留学相关规定，"一视全国何项人才缺乏而选送之，二视地方特别情形为欲增加某项人才而选送之"[②]。留学形式分为官方公派留学生和自费留学生两种，公派留学生主要由教育部、交通运输部、陆军、海军和中央政府派出。自费留学生相对公派留学生而言数量较少，但"自科举既废，吾国政界、军界、学界，莫不取材于留学生游学一途，实为今日登仕版膺政位之终南捷径，将来之官吏，即今日之留学生"，"人莫不知游学之重要，远涉重洋者，不觉其苦，反以为荣"[③]。

---

① Suzanne Wilson Barnett and John King Fairbank（edited）：Christianity in China：Early Protestant Missionary Writings，P.4.

② 朱有瓛，高时良．中国近代学制史料：第3辑上册［M］．上海：华东师范大学出版社，1990：41.

③ 青年会与留学生之关系［J］．东方杂志，1917（14）.

这些留洋归来的高材生们为民国时期政治、经济、社会等诸多领域做出了大量积极贡献，在教育行业中尤为突出，"他们把很多外国教育思想折中地引入了中国的教育领域内，使得这一时期中国教育思想的发展比以前更为成熟和独立"[①]。据统计，"民国九年以后，特别是民国十六年以后，教育部长、教育总长和大学校长，几乎皆由西洋留学生出任，大学教授也是他们，留学生在教育界的影响，至为深远"[②]。这些归国留学生，加深了我国民众对学位制度的理解，也提高了民众对学位获取的重视。

（3）中国教育思想家为民国时期博士学位的构建提供了思想基础

提出研究生制度设想的首位教育家是郑观应，他在《学校》一文中将"泰西各国教育人才之道"归结为："初学，以七岁至十五岁为度，求粗通文算、浅略地球史志为准，聪颖者可兼学他国语言文字。中学，以十五岁至二十一岁为度，穷究各学，分门别类，无一不赅。上学，以二十一岁、二十六岁上下为度，至此则精益求精，每有由故得新、自创一事为绝无仅有者。"[③]文中"上学"，即是如今教育制度中的研究生教育。继郑观应后康有为在《大同书》中也对研究生教育提出了部分设想，他指出："大学卒业后，其尤高才者，或有精奇之思，博综之学，或著新书有成，或创新独出者，由大师几人公同保荐，除就业一年外，公家特给学士荣衔，别给体禄三年，以成其绝

---

① ［加］许美德.中国大学1895-1995：一个文化冲突的世纪［M］.北京：教育科学出版社，2000：78.

② 汪一驹，梅寅生.中国知识分子与西方［M］.台北：枫城出版社，1978：237.

③ 舒新城.中国近代教育史资料：下册［M］.北京：人民教育出版社，1981：896.

学。"①可以看出，康有为设计了一个为期三年的研究生教育体系。尽管在《大同书》中康有为并没有提到授予高于学士学位的硕士学位或博士学位，但是毫无疑问，在学士学位之后应当设置更高学历。

继康有为之后，梁启超在《教育制度表》中，构建了名为"三段三类"学位制度："幼稚园（2年）—小学校（8年义务教育）—中学校（8年，文实分科）—各科大学（3—4年）—大学院（自由研究，不拘年限）。"②由此可见，《教育制度表》中的"大学院"是研究生教育的专属部门。

纵观郑观应、康有为和梁启超的学位构建理念，三者关于高等学位制度的观点与当时社会现实并不匹配，但他们的成果为中国博士学位的构建提供了坚实的思想基础。

（4）国民政府为博士研究生教育提供制度基础

民国政府于1912年颁布了《大学令》，其中明确指出了学位制度的构建理念："大学院生在院研究，有新发明之学理或重要之著述，经大学评议会及该生所属某科之教授会认为合格者，得遵照《学位令》授予学位。"③1913年1月，教育部继《大学令》后颁布了《大学规程》，其中"大学院"一章中规定："（1）大学院下设哲学院、史学院、植物学院等，各以其所研究之专门学名之。（2）大学院不设系统课程，院生在导师指导下'分条研究'，但须'定期讲演讨论'。（3）院生在研究之余，可在校内'担任讲授或实验'。

① 陈景磐．陈学恂．清代后期教育论著选：下册［M］北京：人民教育出版社，1997：327，328．
② 陈学恂．中国近代教育文选［M］．北京：人民教育出版社，1983：162．
③ 舒新城．中国近代教育史资料：中册［M］．北京：人民教育出版社，1981：640，641．

（4）院生研究完毕，'得就其研究事项提出论文，请求院长及导师审定，由教授会决议，遵照《学位令》授予学位'。"[①]

1929年，民国政府颁布了《大学组织法》和《大学规程》，不久又颁布了包括《大学教员资格条例》在内的一系列法律法规。1934年5月，颁布《大学研究院暂行组织规程》，其中："研究院分文、理、法、教育、农、工、商、医各研究所。凡具备三研究所以上者，始得称研究院。各研究所依其本科所设各系分若干部，称某研究所某部。招收研究生时，以国立、省立及立案之私立大学与独立学院毕业生经公开考试及格者为限。并不得限于本校毕业生。研究期限暂定为至少二年。"[②]1935年4月，中华民国政府宣布了《学位授予法》。法律明确规定学位分为三个级别：学士学位、硕士学位和博士学位。依照《学位授予法》，教育部颁布了《学位分级细则》和《硕士学位考试细则》等学位规则。以上一系列法律法规、政策制度是我国历史上首次以官方名义正式颁布的研究生教育和学位课程。这些规定和制度的实施为博士教育奠定了坚实的制度基础。

2.民国时期研究生教育目标和评价制度的建立

民国政府在对高等教育制度的改革、整顿和规范化的基础上，为博士学位提供了必要的思想、物质和制度基础。随之相关学术刊物的建立和导师的聘用也逐渐步入正轨，博士教育开始了艰辛的探索。

---

① 宋恩荣，章成.中华民国教育法规［M］.苏州：江苏教育出版社，2003：399，400，384，401，402.
② 沈善洪.蔡元培选集：上卷［M］.杭州：浙江教育出版社，1993：403.

（1）博士研究生教育目标的确立

最早关于我国大学教育目的的记载应当追溯到1898年京师大学堂建立时所颁布的，效仿日本大学教育模式的《钦定京师大学堂章程》和《大学堂章程》，在这两个章程中树立了以"尊经学为立国之本"强调官本位思想的教育目标，但是由于京师大学堂成立之初并没有关于博士教育的相关制度，故在此不再赘述。自1912年教育部颁布《大学令》后的十年里，民国时期的大学教育从传统模式转为现代模式，从日本模式转为德国模式。于是，以效仿德国大学理念的博士研究生教育开始出现。

蔡元培在德国期间，对著名的德国教育家、哲学家和伦理学家弗里德里希·保尔森（Friedrieh Paulsen）进行了深入研究。保尔森《德国大学与大学学习》总结并介绍了德国大学的历史发展、组织、教学和研究的现状，以及大学发展的所有重要方面。

蔡元培总结的德国大学研究包括"科学专业知识、参与独立学术研究的能力和哲学修养"。这是德国大学教学的关键要素。德国大学的理念是基于新人文主义哲学，基于对人的认识和对人价值观的实现而产生的，认为大学的教育目标应当是"寻求实现民族、国家和人类的价值观"。为了实现这一目标，大学应当实现更高水平的目标。大学应当继承中世纪大学"知识本身就有其价值"的生活态度。因此，价值理性主义已成为德国大学哲学的标志，而学术水平、学术自由和学术自主性是德国古典大学哲学的核心。蔡元培将德国大学的特征概述为"能使研究教授，融合而为一"。

深受德国大学思想影响的蔡元培主持了《大学令》的制定。首先，蔡元培认为大学的宗旨是"教授高深学问，养成硕学闳材，应国家需要"，这是中国大学教育的目标。这与北京大学的前身京师大学堂"以忠孝为本，中国经、史之学为基础同时具有一定西学素养"的追求不同。蔡元培在1912年5月16日北京大学开幕式上的讲话中强调"大学为研究高尚学问之地"，强调以学术为导向的大学发展目标。

蔡元培在1916年末被任命为北京大学校长之前，五年内校长经换四届。只有胡仁源作为第四任校长任职三年，产生了较大的影响。胡仁源于1914年9月整理并重新构建了大学计划书，尤为重视本科和预科课程。胡仁源进行的改革有两个主要问题：第一聘请学术大能，扭转了北大之前宋儒空谈的学风；第二成立首届评议会。遗憾的是，以上两方面改革均未长期进行。胡仁源的努力虽然在一定程度上推动了大学的正常运转，但并没有从根本上改变北京大学的氛围。

蔡元培担任北京大学校长后，目标是按照现代大学的标准建立真正的中国大学。他所做的第一件事是扭转北京大学的思想和学风，打破其"官本位"的桎梏，这是北京大学成功的重要因素。

首先，他推翻了传统"学而优则仕"的观点，重新确立了大学的信念，即大学是"纯粹的研究和学术机构，而不是升职和致富的门户"。其次，他认为大学优劣的关键是人的优劣。因此，"延聘学术大能"和"延聘学生之模范"成为改革的重点。所谓的"纯学术大能"是知识型学者。在中国古典读书人的概念中，读书本身并不是最终目的，而是作为实现目标的工具。以探寻知识为目的的知识分子并没有形成一个独立的社会阶级，但这个阶级的存在是组建现代大学的必要条件。蔡元培熟悉西方大学的发展历史，他知道能够聚集知识分子群体是北大成功的关键。为此，他明确指出"大学者，'囊括大典，网罗众家'之学府也"，并通过招募，把各种人才吸引到北大中来，更新了北京大学的学术气象和学术风格。

（2）博士研究生教育的组织建设

1912年10月，民国政府发布了《大学令》，其中第6条和第7条规定了大学研究生院的名称和录取要求："大学为研究学术之蕴奥，设大学院。大学院生入院之资格，为各科毕业生，或经试验有同等学力者。"[①]1917年9月民国政府颁行的《修正大学令》，再次强调"大学得设大学院，大学院生入院之资格为大学本科毕业生"[②]。

在此情况下，国立北京大学和清华大学开展了开创性的探索，建立了一批学术研究机构。1917年末，北京大学在三个学科中建立了九个研究所，北京大学的毕业生或高年级生可以作为研究人员加入其中。作为国内大学建立的第一家研究所，北京大学制定了相应的《研究所简章》和《研究所通则》以指导和促进大学内部的学术研究。"到1918年初，各研究所共有研究员148人，文科71人，理科32人。"[③]1925年，清华大学在成立大学部时，也成立国学门研究院，延聘王国维、梁启超、陈寅恪和赵元任等四位学术界名人为导师。到1930年夏，清华大学建立中国文学、外国语言、哲学和生物等10个研究所。20世纪20年代末，各大学中设立专门研究机构从事学术研究和培养研究生已变得较为普遍，圣约翰大学、东吴大学、金陵大学等教会大学，以及南开大学、中山大学、武汉大学、北平师范大学等私立大学都已开始筹备建设研究院所。

---

① 宋恩荣，章成．中华民国教育法规［M］．苏州：江苏教育出版社，2003：384.
② 中国第二历史档案馆．中华民国史档案资料汇编［M］．苏州：江苏古籍出版社，1991：165-167.
③ 刘克选，方明东．北大与清华［M］．北京：国家行政学院出版社．1998：57，58.

1928年，中央科学院在著名物理学家丁一林的领导下成立了物理研究所。1929年，北平研究院建立了物理实验室，著名现代物理学家严继慈担任所长。"为了研究的需要，相继建立了大型晶体分光光度计实验室、显微镜实验室和光谱实验室等其他高级实验室。"1933年，上海中央研究院——物理研究所成立，分设"电磁研究室、光学研究室、无线电研究室、恒温研究室、物理学检验室、放射性实验室等"。至1934年，"全国共有国立中央研究院等学术机构38个"[①]。

以上专门研究机构的建立为我国日后科学研究和研究生教育奠定了坚实的基础。其中，吴有训在清华大学进行的X射线散射研究《论X射线被单原子气体散射的总散射强度》，被英国著名的杂志《自然》收录，开创国内科学研究之先例。

周培源研究的"金属自由电子反磁性"、严济慈、钱临照、钟盛标研究的"关于照相的压力效应、光谱学"、萨本栋的"用双矢量法计算三相电路和三极管特性"、吴大猷的"光谱学"、王淦昌的"空中放射性和天气关系"等成果彰显了专门研究机构的建立对研究生培养的正面影响。

学者们创立一系列研究生教育机构的同时，还成立了一系列学术团体来促进科学研究。例如，1915年10月，"中国科学社"由任鸿隽、赵元任等5人共同成立，其中杨迅担任编辑理事。该办事处于1918年至1919年间从美国迁至南京。其目标是"联络同志、研

---

① 第二历史档案馆.中华民国史档案资料汇编：第5辑［M］.苏州：江苏古籍出版社，1994：1396-1398.

究学术，以共图中国科学之发达"[1]，宗旨为"传播科学知识，促进实业发展"[2]。在1914年至1929年之间，成员人数从35名增加至1728名。1916年至1929年，各地陆续创办了"中国农学会""中国工程学会""中华心理学会""中国植物病理学会""中国物理学会""中国化学会"等多个知名的学术团体。从结果上看，这些学会的成立不仅促进了知识生产的专业化，还将分散在各地的学者与专门的科研组织联系起来[3]。

另外，为了更有效地开展学术交流和研究活动，这些学会各自开办了自己的学术期刊，例如中国科学社创立的《科学》、中国物理学会创建的《中国物理学报》、中国化学学会创建的《化学学报》等。这些学术出版物的问世，一方面介绍了国外的先进科学技术、科学方法和信息，另一方面介绍了中国最先进的研究成果，促进研究生教育的发展。

为了保证研究生教育的质量和科研的规范化，国民政府高度重视教师队伍的能力。 1917年9月，教育部发布了《修正大学令》，其中明确指出："大学设正教授、教授、助教授。大学遇必要时，得延聘讲师。"[4]1927年6月，国民政府又颁布并实施了《大学教员资格条例》，进一步明确了大学任职教员的资格："助教之资格为：国内外大学毕业，得有学士学位，而有相当成绩者；或于国学上有研究者。

---

① 赵冬.近代科学与中国本土实践［M］.北京：社会科学文献出版社，2007：180.
② 赵冬.近代科学与中国本土实践［M］.北京：社会科学文献出版社，2007：180.
③ 段治文.中国现代科学文化的兴起：1919—1936［M］.上海：上海人民出版社，2001：169.
④ 陈元晖.中国近代教育史资料汇编，学制演变［M］.上海：上海教育出版社，2007：66.

讲师之资格为：国内外大学毕业，得有硕士学位，而有相当成绩者；或助教完满一年以上之教务，而有特别成绩者；或于国学上有贡献者。副教授之资格为：外国大学研究院研究若干年，得有博士学位，而有相当成绩者；讲师满一年以上之教务，而有特别成绩者；或于国学上有特殊之贡献者。教授之资格为"副教授完满二年以上之教务，而有特别贡献者"①。同时，《修正大学令》还规定："担任大学教员须经大学教员评议会审查，由该教员呈验履历、毕业文凭、著作、服务证书；在大学教员评议会审查时，由中央教育行政机关派代表一人列席，遇资格上之疑问及资格不够但学术上有特殊贡献者，由评议会酌情决定。"②

教师聘任制度的规范和相对较高的福利待遇，吸引了社会各界大量人才，从而为我国培养出了一批稳定、合格的研究生教育教师队伍。

3. 民国时期博士研究生教育和评价的实践

首开中国研究生教育先河的是北京大学。北京大学于1918年在人文、科学和法学三个领域建立了9个研究所，制定并出版了《研究生通则》《研究所办法草案》《研究所总章》，自1918年起招收研究生，至1919年招生148人。1920年7月，《研究所章程》发布，阐明了该研究所的性质及其研究范围。1921年出版了《国立北京大学研究所组织大纲》，用以明确和改善研究生院的建设规程并设立鼓励

---

① 南京国民政府教育部.第一次中国教育年鉴:乙编 教育法规[M].上海:开明书店,1934:63,64.

② 朱有瓛.中国近代学制史料.第四辑[M].上海:华东师范大学出版社,1986:69.

奖学金。1929年，北京大学根据《大学组织法》中"大学得设研究院"的要求，于1932年在研究所的基础上正式成立了北京大学研究所，下设文史、自然科学和社会科学三个部门。至此，北大的研究生教育逐步完善。

20世纪20年代中期，清华大学开始制定相关规定并招收硕士研究生。根据1924年出版的《清华学校研究院章程》，研究院的目标为"以研究高深学术造成专门人才为宗旨""专在养成以著述为毕生事业者"，聘任"宏博精深、学有专长之学者为专任教授，常川住院，任讲授及指导之事"①。考生要求为"国内外大学毕业生或具有相当之程度者，各校教员或学术机关服务人员，具有学识及经验者。各地自修之士，经史小学等具有根柢者""学员经录取后，须按期到院，常川住宿，屏绝外务，潜心研究，笃志学问"。日常研究的要求是："注重个人自修，教授专任指导，教授自定指导之学科范围，俾可出其平生治学之心得，就所最专精之科目。应订定时间，常与学员接谈，考询成绩，指示方法及应读书籍。"②从1933年到1943年，清华大学共授予42人硕士学位。到1948年，清华大学共授予138人硕士学位。

1930至1939年间，中央大学、浙江大学等其他大学的研究生教育也得到了迅速发展。1934年，中央大学只在理科和农科两个研究所招收研究生，1938年中央大学正式建立研究生院。至1947年，中央大学共有7所学院和26个研究所招收研究生。另外，武汉大学、中山大学等许多学校也建立了研究院招收研究生。

---

① 孙敦恒.清华国学研究院史话［M］.北京：清华大学出版社，2002：26.
② 吴慧龄.北京高等教育史料［M］.北京：北京师范学院出版社，1992：55，56.

随着研究生教育的开展，博士研究生的教育计划逐渐进入政府的教育议程。1935年4月，国民政府发布了《学位授予法》，其第二条明确了学位的类型："学位为学士、硕士和博士三级。"[①]第五条和第六条明确了博士学位授予者的要求："第五条：依本法受有硕士学位，在前条所定研究院或研究所继续研究两年以上，经该院所考核成绩合格，经教育部审查许可者，得为博士学位候选人。第六条：具有下列资格之一，经教育部审查合格者，亦得为博士学位候选人。（1）在学术上有特殊之著作或发明者。（2）曾任公立或立案私立之大学或独立学院教授三年以上者。"[②]"博士学位候选人经博士学位评定委员会考试合格者，由国家授予博士学位。博士学位评定会之组织，及博士学位考试细则，由行政院会同考试院定之。硕士学位及博士学位候选人均须提出学位研究论文。"[③]毕业论文的要求："该论文对于该科学术，确有重大贡献；该论文在写作时，确曾充分参考该论文所包括问题已经研究的成果：该论文确能表示作者了解研究该科所必需的主要外国文字。以上论文，须由该研究院所主管人员送请研究该学科的专家三人至五人审查。各研究院所审查合格的论文，应由审查人及该研究院所主管人员共同署名，由该研究院所送请教育部，为博士学位候选人审查。博士学校评定会对于候选人的论文，应由本会委员及会外专家五人予以审查，并分别注明可否，以三人评可者为合格。论文合格的候选人，由博士学位评定会进行口试，但经博士学位评定会推荐的候选人，经评定会出席委员四分之三以上记名投票

---

① 宋恩荣，章成 . 中华民国教育法规［M］. 苏州：江苏教育出版社，2003：384.
② 宋恩荣，章成 . 中华民国教育法规［M］. 苏州：江苏教育出版社，2003：401.
③ 宋恩荣，章成 . 中华民国教育法规［M］. 苏州：江苏教育出版社，2003：402.

者，可免除口试，但评定会委员须出席三分之二以上。口试除审查委员外，并由评定会另聘专家四人共同主持，互推一人为主试委员，就论文内容及与论文有密切关系的问题进行考询。口试时，先由候选人阐述论文大意及研究经过。再由主试委员及考试委员依次提问，由候选人逐一答对。凡论文审查、口试成绩均及格的，由博士学位评定会呈请国民政府授予中华民国博士学位，并将其论文予以刊印。"[1]可以看出，国民政府对于博士学位授予要求极为严格。

1935年6月，北京大学发布了《北京大学研究院暂行规定》，这是第一个公布有关博士生的录取、培养和管理的具体规定。规定第十八章："凡已取得硕士学位后，在本院继续研究两年以上，经本院考核成绩合格者，又经教育部审查许可者，得为博士学位候选人。"规定的第十九章第三款要求："博士学位候选人的学位考试，依《博士学位考试细则》（尚未发布），由国家举行之。"[2]1940年，教育部颁布了《博士学位评定会条例》和《博士学位考试审查及评审细则》。这些规定，连同《学位授予法》，形成了我国最早且相对完整的博士教育政策法规体系。至此，我国博士生教育制度，经三十余年的不断完善基本形成。

但是，抗日战争爆发，局势混乱，众多大学不得不向昆明等内陆转移，使得博士生招生工作无从实施。1943年，政府行政院在审查这项工作时不得不检讨："抗战以前，各校因设备师资之限制，学术研究室碍良多，致使博士学位之授予迄未实施。近来各校困难加增，

---

① 南京国民政府教育部：第二次中国教育年鉴：第6编［M］.北京：商务印书馆，1948：79.

② 吴慧龄.北京高等教育史料［M］.北京：北京师范学院出版社，1992：55，56，21.

培植尤艰。该项博士学位的授予，应缓办。"①至此，民国时期博士生教育的探索被迫中止。实际上，自国民政府成立以来，民国政府以及各大高校历经从学术理论设想到制定暂时适用的法律规范，为博士教育做出了诸多努力。但是，由于战争等历史原因，没有一所高校和科研院所真正招收了博士研究生。

（二）新中国早期博士教育和评价的历史

新中国成立后，由于过去长年战乱，我国的高等教育制度受到了重创。因此新成立的中华人民共和国开始了高等教育的重建、恢复和对于原先高校的接收和社会主义改造。

为了应对中国的三大转型运动和进行大规模社会主义经济建设，中国迫切需要大量专业技术人员，同时也必须建立高级专家培养体系，因此参照苏联联邦学位制度，中国科学院获得招收第一批副博士学位的许可资格。

1955年8月5日，国务院审查并批准了《中国科学院研究生暂行条例》《中国科学院研究生暂行条例》。开宗明义地指出，研究生教育的目的是："有效地促进中国科研能力的提升，系统地培训出一批符合标准的科研主管人员。"同时，教育部要求具有培养副教授资格的高校，参照《中国科学院研究生暂行条例》和《中国科学院研究生暂行条例》，开展"副博士"教育。至此，开始了效仿苏联学位制度的研究生教育计划。

---

① 南京国民政府教育部.第二次中国教育年鉴：第6编［M］.北京：商务印书馆，1948：79.

1. 第一次学位制度的制定与流产

中华人民共和国成立后，随着高等教育的恢复、转型和重建，在第一个五年计划中，新的中国高等教育制度基本实现，学位制度建设条件基本成熟。1954年3月8日，中共中央听取了中科院党组的工作报告后，发布了《关于建立我国学位制度的意见》，意见要求中国科学院和高教部提出学位制度构建的相关建议。

1955年6月，在纪念中国科学院成立大会上，郭沫若提出："相关部门应当联合研讨与授予学位相关法律问题，并在六个月完成草案的编纂工作，方便国家在法律法规授予的权利下，给予学术水平与成就的判定。"1955年9月，在国务院的相关指示下，成立了"相关荣誉条例起草委员会"。林峰、陈俊瑞、范昌、张家富、曾一凡等13位专家开始学位制度草案的编纂工作。

经过艰苦的努力，1956年6月，起草委员会将"工作报告"和《中华人民共和国学位条例（草案）》以及《中华人民共和国国务院学位和学衔委员会组织条例（草案）》一起，提交给中共中央政府。1956版本《中华人民共和国学位条例（草案）》总共十六条内容，具体内容包括：

（1）1956年预设的中华人民共和国学位制度分为两个级别：硕士学位和博士学位。这主要是由于欧美等地采用了三级学位制度，但由于中国与西方国家政治体制的不同，美国作为当时国际背景下中国的主要敌对目标，以及当时中国"以政治斗争为纲"思想的影响，如果依照西方学位制度进行建构，容易被民众认为是"资本主义抬头"。同时，国民党制定学位制度时是参照西方制度的，当前情况下也不宜沿用。因此，模仿苏联的二级学位制度是基于当时政治和社会背景下而诞生的产物。

（2）学位分类。《学位条例》规定各培养机构应在23个学科类别建立硕士学位和博士学位。该学科类别的分类也根据苏联模式进行，甚至1956年预想设置的中华人民共和国学位制度中学科划分比苏联更为细致，这样做的目的是与英美模式划清界限。

（3）学位获得条件的规定。科学研究人员必须通过必要的研究生考试和论文答辩才能获得硕士学位，具有硕士学位并完成博士学位论文才能获得博士学位。唯一的例外是："具有重大发现或发明，重要学术成就和科学著作的科学研究人员无需授予论文允许授予硕士学位或博士学位。"这一点体现了新中国鼓励特殊人才发挥潜能、开展科学研究并提高学术成就的特点。

（4）国务院学位和学术委员会的职责，即授予硕士学位或博士学位。同时，在国务院下设立学位和学衔委员会，负责评定大学和科研机构的学位和学术职务（副教授和教授），授予报告，发放学位和学衔证书，并对大学和科研机构的相关工作进行监督和检查。

（5）确定了学位审批规则和流程：根据申请人撰写的学位论文，向相关的科研机构或大学申请硕士及博士学位。如果申请被批准，相关的学术委员会负责论文答辩和学位考试。通过了学位考试和答辩的学生，经学术委员会批准，报送大学或科研院所主管部门，并报国务院学位和学位委员会审查。从以上规则和流程，可以看出，1958年《学位条例》对硕士学位和博士学位授予的控制非常严格，只有在通过各种测试后才能授予学位。同时，没有硕士学位，但是拥有教授头衔的科学家也可以申请博士学位，这是基于当时中国大陆仅有232个硕士的事实而规定的。

由此可见，《中华人民共和国国务院学位和学衔委员会组织条例（草案）》从各个角度构建了相对完整的学位和学衔授予制度。但《草案》在上报中共中央政府后，并未得到任何答复，最后不了了之。

从1954年到1956年，中国学位制度主要是沿袭苏联的做法，其中最具影响力的是副博士制度。副博士，起源于苏联。原因是西方许多国家，例如英国、美国、法国等，都建立了三级学位制度，因此采用三级学位制度会引起舆论争议。 1937年3月，苏联颁布了《关于学位和学衔的决定》，在决定中设定博士学位和副博士学位。博士申请条件中要求博士申请者"必须通过毕业考试和毕业论文答辩，并具有独立参加科学研究、探索具有重大理论和实践意义的科学课题的能力，或在高学衔获得者的指导下以新的科学见解完成科学研究的能力"[①]。

《中国科学院研究生暂行条例》于1955年经国务院正式批准，其全文在《人民日报》于1955年9月1日发布。除中国科学院建立了研究生教育体系以外，要求具有培养资格的大学也必须建立研究生教育体系。《中国科学院研究生暂行条例》共分为四章二十八条，为研究生教育提供了明确的规则，主要涉及研究生申请者、教学方法、待遇和毕业分配等。与1953年发布的《高等学校培养研究生暂行办法（草案）》相比，1955年的新规定对研究生招募、教育、管理等方面提出了更高的要求。此后，建议有资格的各个大学根据规定均要建立研究生教育体系。

---

① 中国大百科全书（教育卷）［M］．北京：中国大百科全书出版社，1985：774．

高等教育部于1956年4月24日发布了《关于1956年进行副博士学位论文答辩的暂行规定》。该规定的主要内容包括以下几个方面："对于在发布国家学位法规之前达到博士学位论文水平的大学教师和研究生，论文答辩基于该'暂行规定'。在国家学位规则发布后，及时授予临时学位和正式学位。学位论文答辩会应当公开举行，实行无记名投票制，出席会议的成员三分之二以上出席答辩会被视为有效，在一半以上的论文答辩会委员同意学位授予时，方可授予学位。"

高等教育部于1956年7月11日发布了《1956年高等学校招收副博士研究生暂行办法》，共十二条，包括研究生申请要求、入学考试内容和录取方法。1957年3月25日，高等教育部发布通知，要求将"副博士"的名称更改为"研究生"。学制期限仍为三年。至此，新中国建立副博士学位的尝试宣告结束。

2. 第二次学位制度的制定与流产

1961年，聂荣臻副主席组织发起了第二次的学位制度制定工作，他基于当时中国的重大政治、经济调整背景，向中国共产党中央委员会提交了《关于自然科学工作中若干政策问题的请示报告》，该报告经中国共产党中央委员会审批后，于1961年7月19日通过。同时通过的还有《关于自然科学研究机构当前工作的十四条意见》。1961年11月12日，聂荣臻向中央委员会提出了建立学位学衔和工程技术称号的提议，中共中央也予以同意。

在聂荣臻副主席的建议和中国科研工作者的支持下，中国开始了第二次学位制度制定工作。1962年1月，中央科学小组和国家科学技术委员会党组共同要求教育部、中共中央宣传部、中国科学院、国家经济委员会和文化部等部门，共同起草新的学位制度。 1962年3月，国家科学技术委员会决定在1956年学位章程草案的基础上，由周培元等11人主持学位、学衔和研究生条例起草工作。经过了多轮磋商和修正，1963年10月29日，国家科学技术委员会党委向中共中央和国务院提交了《关于建立学位制度和教授称号的报告》及附件《中华人民共和国学位条例（草案）》和《国务院学术称号委员会组织条例（草案）》。

聂荣臻在听取了中共中央的指示后，主持了《关于建立学位制度和教授称号的报告》及附件《中华人民共和国学位条例（草案）》的修订工作，并于1963年12月27日重新提交中共中央以及国务院审查。根据国务院意见，1964年4月，国家科学技术委员会党组主持了《中华人民共和国学位条例（草案）》的修订工作，之后正式将其更名为《中华人民共和国学位授予条例（草案）》。这次学位制度的制定工作汲取了第一次学位制度制定的宝贵经验，也得到了中共中央的批准，但第二次制定的学位制度仍旧没有得到中央正式施行的批示。此后，由于"文化大革命"，学位制度的制定和实施工作被搁置。

1961至1966年间的第二次学位制度制定工作比第一次学位制度的制定从各方面环境来看都更加困难。当时，从国际环境来看，中国不仅与英美关系恶劣，而且苏联也对中国怀有戒心。因此，在既要消除苏联模式，又要规避西方思想的前提下，建立一个符合国家政治、思想意识的学位、学衔制度极为困难。

最明显的例子是在学位规定中强调政治意识形态的要求，例如，学位条例规定的政治条件是"愿意为爱国主义和社会主义服务"等。尽管该草案中学位制度只有副博士和博士，但也承认西方学成归国人士获得的学位。另外，也建议授予成就卓著的学者和知名的社会活动家名誉博士学位。同时没有明确划分学科类别，这种规划目的，一方面便于我国高等教育体系的构建，另一方面规避了"左"倾和右倾问题上的阻力。

从20世纪50年代到60年代学位制度制定的过程来看，自新中国成立以来，中国一直在积极地建立自己的学位和学衔制度。尽管由于当时意识形态的干扰造成了中国大陆博士的历史被推迟20余年，但从结果上看，两次学位制度的制定工作为我国建立学位、学衔制度提供了极为宝贵的经验。例如，1980年制定的《中华人民共和国学位条例》有许多思想和原则体现了两次学位制度制定过程中的设想。综上所述，两次学位制度制定的失败为改革开放后中国学位制度的真正建立，博士学位授予制度的建立奠定了基础，做出了重要的历史贡献。

（三）改革开放后博士教育和评价的历史

1.研究生招生的恢复

"文化大革命"使中国的研究生教育停滞了近十年。"文化大革命"结束后，新中国成立后建立的高等教育制度也在1978年党的十一届三中全会结束后逐渐恢复。在此之后，中国进入了具有中国特色的改革开放社会主义建设新时代，学位和研究生教育也进入了新的发展阶段。

2.起步与探索

在这一阶段，研究生教育完成了两项重要任务，即恢复入学和初步建立教育体系。 1977年10月，国务院批准并发布了教育部《关于高等学校招收研究生的意见》，并决定让符合资格的高校开展研究生招生工作，教育部根据当时的实际情况决定在1977年和1978年合并开展研究生招生工作，统一名称为1978级研究生①。各高校共招收研究生8500名，这标志着中国大陆开始了研究生教育时代（博士学位除外）。

　　1981年1月1日正式生效的《中华人民共和国学位条例》（以下称《学位条例》）是新中国颁布的第一部高等教育法。同年5月20日，国务院批准执行《学位条例暂行实施办法》。这两份规范性文件定义了中国的学士学位、硕士学位和博士学位制度，正式确定了每个学位的学术标准，表明了中国的学位和研究生教育已经走上标准化和制度化的道路。 1981年11月，国务院发布了博士学位授予单位和学科专业和博士学位课程的清单②。由此，首批博士学位授予单位正式得到国家认可。 1982年7月，国家教委明确规定招收博士生时必须将考试和推荐、笔试和口试结合起来，具体由招生组织机构实施③。值得一提的是，1983年中国大陆独立培养并授予了第一批博士学位。这是在1982年至1983年恢复研究生招生后，中国科学院、复旦大学、山东大学等高等院校获得国务院学位委员会授权，授予学术水平优异达到博士学位标准的18名硕士生博士学位④。1983年5月27日，

---

① 谢桂华.20 世纪的中国高等教育：学位制度和研究生教育卷［M］.北京：高等教育出版社，2003：75.
② 中国博士质量分析课题组.中国博士质量报告［M］.北京：北京大学出版社，2010.
③ 国家教委.关于招收攻读博士学位研究生的暂行规定［Z］.（82）教高二字032号.
④ 周光礼.中国博士质量调查：基于U/H大学的案例分析［M］.北京：社会科学文献出版社，2010：34.

在人民大会堂举行了第一次我国博士学位授予大会，授予了中国大陆首批博士学位。

1984年8月8日，经国务院批准，教育部在《关于在北京大学等22所高等学校试办研究生院的通知》中指定，北京大学、中国人民大学和清华大学等22所大学是第一批有权利建立研究生院、举行研究生考试、招收研究生的学校，并在《通知》中对研究生院的发展计划、师资、职能和职责等研究生教育相关内容，提出了一致性要求。就此全国各地开始着重开展了博士教育基地的建设（包括重点大学的建立和建设）。

1985年，中国共产党中央委员会颁布了《关于教育体制改革的决定》，为教育改革拉开了序幕，博士生培养相关的一系列工作由此进入调整阶段。1986年7月，国务院发布了《关于做好第三批博士和硕士学位授予单位审核工作的通知》。第一次明确提到增加新的博士授予单位。新增单位通常应至少有10个硕士学位点，并建立了初步的学位批准审查机制。

由于过去缺乏经验， 1984年和1985年迫于社会大量人才需求，进行了大规模研究生扩招，使得研究生教育出现了质量问题。1986年初，原国家教委研究生院组织了一次全国调研，并于1986年12月10日发布了《关于改进和加强研究生工作的通知》，重申了研究生教育"保证质量，稳步发展"的原则。在加强思想教育之外，应当专注提高研究生教育质量，实行中期淘汰制[①]。

1988年6月，在西安交通大学召开的第六届全国研究生工作会议

---

① 谢桂华.20世纪的中国高等教育：学位制度和研究生教育卷［M］.北京：高等教育出版社，2003：87，88.

上，重点议题是如何建立博士生教育体系，会议提出了编纂专注博士生教育的法规性文件的构想。

1992年3月，原国家教委和国务院学位委员会联合发布了《博士生培养工作暂行规程》，进一步完善了博士生在教育实践中的教育体系。《博士生培养工作暂行规程》要求，全日制博士生的学制通常为四年制，延期应当控制在一年以内。每个博士点和博士招生单位都必须制定研究生培养方案和个人培养方案。博士科研应当与其导师及所在学科相匹配。博士学位论文应由博士生独立完成，博士生在研究期间必须接受中期考核。从结果来看，《博士生培养工作暂行规程》促进了中国博士教育体系的初步建立。

3.改革与规范

1993年2月，中共中央，国务院印发《中国教育改革与发展纲要》，《纲要》指出，这一时期高等教育的主要目标是"着眼于建设面向新世纪许多重要领域的100所大学"，要求研究生教育相关单位，建立与市场经济体制相适应的研究生教育体制。并将"完善毕业生和学位制度，同时加强质量监督评估体系"[①]作为国家的重要发展方向，由此"211工程"项目正式启动。同年2月，为紧跟改革开放和现代化的步伐，国家明确提出"2000年的研究生人数应比1992年增加一倍，博士研究生的人数应当有更大规模的发展"的要求[②]。1992年至1999年的7年时间中，为落实国家"适当扩招"的要求，满足国家以及社会对高层次技术人才的需求，在校博士生人数七年间年

---

① 中国教育改革和发展纲要（摘要）［Z］.学位和研究生教育，1993（3）：1-6.
② 国务院学位委员会，国家教委.关于学位与研究生教育改革和发展的若干意见［Z］.学位和研究生教育，1993（3）：8，9.

均增幅20.6%，高于硕士研究生年均增幅12.3%。

在扩招的同时，为提高教育质量，国家与高校也在逐步完善博士学位评估制度。 1995年11月，为确保研究生教育质量，原国家教育委员会发布了建议建立和完善监督和评估研究生教育质量体系的文件①。同时，国务院学位委员会多次对学位授予情况进行审查和评价。1998年5月，为了不断提高博士教育的整体水平，强调科研能力和创新成果的重要性，国务院学位委员会和教育部提出了全国优秀博士论文评比活动，要求全国范围内评选出优秀的博士学位论文。此外，规定评选工作应每两年进行一次，每次选出的优秀论文不超过100篇②。

4. 扩招与发展

1999年各研究生招生单位开始了真正意义上的研究生扩招。1999年11月，全国研究生教育工作会议提出了研究生教育的基本准则，即"深化改革、积极发展；分类指导、按需建设、注重创新和提高质量"六点指导工作方针③。

2000年1月，教育部颁布《关于加强和改进研究生培养工作的几点意见》，《意见》指出：教育制度博士生的学习期限为3—4年；实现和构建开放性研究生教育制度；鼓励大学和研究机构共同教育研究生。2000年10月，教育部对博士论文进行了随机调查，并明确了

---

① 国务院学位委员会，国家教委.关于学位与研究生教育改革和发展的若干意见[Z].学位和研究生教育，1993（3）：8，9.
② 国家教委.关于进一步改进和加强研究生工作的若干意见[Z].教研〔1995〕13号.
③ 国务院学位委员会，教育部.关于开展全国优秀博士学位论文评选工作的通知[Z].教学〔1998〕号.

奖励和惩处措施，在社会上引发了强烈反响。2002年4月颁布了《关于加强和改进研究生培养工作的几点意见》。2003年9月，教育部首次提出了复试差距率，首次扩大部分大学在研究生招生过程中的自主权力，首次提出推免生由校方管理等多种措施改革研究生招生工作[1]。2005年1月，教育部要求高校内部制度应当在经费、体系建设和平台建设等方面出台有力举措，以加强博士生的科技创新能力的发展，提高研究生教育质量[2]。2007年9月，国务院学位委员会、教育部和人力资源部联合开展了对授权授予博士学位的所有大学和研究机构博士质量调查的工作，来全面评估我国博士教育发展的状况。2009年2月，北京协和医学院"中西医结合"、清华大学医学院"中西医结合"等四个博士学位点因未能达到基本要求，被撤销授予学位的权利[3]。2009年10月11日，教育部通过制定联合培养博士管理办法，进一步规范了联合培养博士生的相关工作原则[4]。

2010年4月28日，教育部决定设立博士学位新人奖（也称"国奖"），以鼓励"培养学术新星，促进创新发展"。"国奖"每年一次，奖励人数约为当年博士生总数的5％，获奖博士生将获得每人3万至5万元的金钱奖励。"国奖"的设立，有效地增强了博士生的学术

① 谢延龙.中国学位与研究生教育30年：历程、成就和经验［J］.中国高教研究，2008（06）：28-30.
② 教育部.关于做好2003年招收攻读硕士学位研究生工作的通知［Z］.教学〔2002〕13号.
③ 教育部.关于实施研究生教育创新计划加强研究生创新能力培养进一步提高培养质量的若干意见［Z］.教研〔2005〕1号.
④ 国务院学位委员会.关于下达22个博士学位授权学科点评估结果及处理意见的通知［Z］.学位〔2009〕7号.

热情[①]。

2011年2月12日，教育部在北京举行了庆祝《中华人民共和国学位条例》实施30周年纪念大会，大会充分肯定了30多年研究生教育的成就，指出了研究生教育未来的发展方向。2012年11月，教育部发布了《学位论文作假行为处理办法》，以确保高校和科研院所、学位申请者和讲师遵守教育道德和学术规范，并确保论文的真实性和原创性[②]。

2013年7月，教育部、国家发展改革委员会和财政部联合颁布了《关于深化研究生教育改革的意见》，提出要开展适应新形势的研究生教育改革，积极探索走内涵式的发展道路，即坚持以服务需求、提高质量为目的，多点开花、齐头并进、构建研究培养质量的保障体系。研究生教育应当"对经济和社会发展做出更加突出的贡献，进行更多的创新和实践，将科学和教育相结合，将生产和学习相结合，为提高国家创新能力和国际竞争力提供有力的支持，为把我国建设成一个强大的国家做出贡献"。

从博士生毕业数量来看，2001年授予博士学位数量超过14000人，2008年授予博士学位数量则超过了50000人，基本上接近了当年美国授予的博士学位数量（约51000人）[③]。随着博士学位获得者人数的大量增加，国家对博士生的许多问题给予了更多关注，例如，

---

① 教育部.高等学校和科研机构开展联合培养博士研究生工作暂行办法［Z］.教研〔2009〕5号.

② 教育部.关于设立博士研究生学术新人奖并开展试点工作的通知［Z］.教研函〔2010〕2号.

③ 教育部.国家发展改革委，财政部.关于强化研究生教育改革的意见［Z］.教研〔2013〕1号.

博士生科技创新能力和博士生培养评价等问题。

（四）我国现阶段博士研究生培养的主要功绩

从真正意义上讲，我国博士生的教育工作始于"文化大革命"之后。改革开放初期，我国博士生的教育工作的历程与国家的社会经济发展进程相吻合，经过30余年的发展也取得了显著成绩，成为中国高等教育史上的一个里程碑。在这一过程中，博士生教育的发展得益于国家稳定的政治、经济和社会环境以及我国政府和领导人的高度重视。同时，博士教育的发展极大地促进了国家的现代化以及科技、文化事业的繁荣，可谓相互促进、相得益彰。

1. 基本建立了具有中国特色的学位制度

在研究生教育发展的30年中，中国构建了结构合理、相对完善的学科结构、学位授予制度。形成了以大学为主的"产学研"相结合的，多系统培养的，具有中国独特优势的研究生教育机制。

"文化大革命"结束后，国家建设中各级和各层次的人才极为匮乏。1979年，邓小平立足中国国情表示"应当建立健全学位、学衔制度"。在老一辈领导人的明智决定和几代人的改革支持下，1981年新中国第一部《学位条例》颁布并实施，这标志着我国学位、学衔乃至研究生教育制度享有了法律保障，是中国高等教育史上的重要节点。1989年6月，在党的第十三届四中全会后，第三代中央领导小组提出了科教兴国战略。为提高和适应愈演愈烈的国际竞争，研究生教育进入快速发展时期。2002年中共十六大之后，中共中央坚持将教育放在国家发展战略的最优先位置，提出了"加强创新人才强国"战略。2013年以后，按照习近平总书记的重要指示精神，国家提出了"双一流"建设计划和《学位与研究生教育发展"十三五"规划》，把研究生教育和"实现中华民族伟大复兴，赢得全面小康胜利"紧密联系起来。

在不断的改革、创新和努力的过程中，我国建立了具有中国特色的学位和研究生教育体系。依据《学位条例》精神，一系列符合中国国情特征，符合研究生教育基本规律的制度被提出并完善。例如学位批准审查制度，教师评估和选聘条件，学科目录规范和学位基础教育制度，论文答辩和"盲审"制度。这些制度的建立，为我国学位和研究生教育的健康发展，培养高素质创新型人才提供了坚实的制度保障。

2.基本实现高层次人才的自主培养

博士生教育的工作促进了高级专业人才的增长，为我国科技、教育、经济、军事、文化产业提供了智力资源和人才力量。成千上万的博士毕业生已然成为中国大多数行业、战线的骨干力量，为国家和社会的发展贡献了力量。例如，在提高中国各个就业部门人才队伍的质量方面，博士发挥了重要作用。在2015年对教育、卫生和人事管理等七个部门的38名领导的调查数据表明，38人中研究生学历占总数的47.1%，博士学历占总数的15.8%，全部为1979年后我国本土教育的研究生。

在高等教育领域，博士生毕业后以教研人员的身份进入大学，提高了大学专任教师的学术平均水平，为现代化建设打下了坚实的基础。据统计，1987年我国普通高校专任教师为385352人，其中博士毕业生1972人，仅占0.5%。时至2008年，中国高校专任教师数量达到1309776人，其中博士毕业生153247人，占专任教师的11.7％。这些博士毕业生大多数是中国本土培养的。在历届"中国青年科学技术奖"获奖者中，博士所占比例为60.72％。在"国家千万人才计划"中，入选的我国自主培养的博士所占比例为70％。这些我国自主培养的博士中的很多人成为了新一代的博士生导师、学科带头人、两院院士和著名学者。截至2012年，中国共有347所大学和研究机构，共培养出335000名来自各个学科门类的博士生。

博士生教育是在科学研究与高等教育之间高度互动下完成的，而博士生也成为科学研究的重要力量。因此，大学在培养博士生的过程中，让博士生广泛参与了国家科学技术研究项目，使得大学和科研院所在完成国家交付任务的过程中，培养了各类人才，从而大规模提高了大学和科研院所自身的科研实力，并在国家科学技术和知识创新系统发展的过程中发挥了重要作用。值得一提的是，新中国本土首批培养的18位博士工作成绩卓越。这18名博士有的成为中科院院士，有的成为第三世界科学院院士。大部分人担任过大学校长、院长等高级科研机构的高级管理人员，并且至今大部分仍活跃在教育事业战线的前沿，发挥着重要作用。

3. 积累了培养创新性人才的宝贵经验

历经30余年的艰苦奋斗，中国已成为世界上少数可以每年颁发大量博士文凭的国家之一，并在培养创新人才方面获得了许多宝贵经验。

（1）依靠政府领导，创造良好的社会环境和氛围。政府始终着力培养创新人才，始终坚持博士教育应有的战略地位和战略价值，因地制宜地构建具有中国特色的学位和研究生教育。这是博士研究生教育顺利、健康发展的必要条件。

（2）重视教育质量。多年来，博士生教育质量一直是我国最为关注的教育领域，也是各教育领域中发布最多指导性文件的领域。国家从制度和政策层面上，密切关注博士教育的质量和学位授予规范，通过建立一体化的教育管理体系来确保人才的素质。同时，国家建立各种实际奖励和精神奖励，鼓励和表彰培养高素质人才的单位和个人，并引导博士生培养单位和博士生导师重视博士教育质量。

（3）主动学习。中国善于汲取各个国家培养博士研究生的经验和教训。主要体现在：采用类似于美国的学士学位、硕士学位和博士学位制度，类似于英国的导师中心教育、发展、教学和学位论文制度。因此，新中国的博士生教育虽然起步较晚，但起点不低。新中国通过不断优化，完善了博士生制度和机制，大大缩短了制度构建和摸索的时间和过程，提高了制度建构的效率，为培养优秀的博士生奠定了良好的基础。

（4）在实践中不断进步。我国在博士生教育制度发展的过程中，认识到博士生教育系统是改革和发展相互影响、相互促进的动态系统。例如：为缓解国家和社会对于人才的渴求，20世纪80年代，国家将硕士学位视为具有三年学制的独立学位，这一规定为国家和社会培养了一大批高端技术人员；满足国家以及社会对高层次技术人才的需求，1992年至1999年，各高校开始了大规模的扩招，培养了一大批国家和社会急需的高层次技术人才，短时间内博士生数量的增长造成了质量下降的问题。进入21世纪后，为解决国家和社会提出的

"大批量培养研究生，显然难以保证培养质量"的问题，教育部颁发了一系列关于重视博士生培养质量的相关文件，构建了囊括课程学习、中期考核、论文答辩在内的博士生培养体系。由此可见，我国在博士生教育实践的过程中，依照不同时期国家和社会的需求，不断地调整着我国博士生教育制度。这种不断调整的博士生教育系统，正是我国博士生教育系统和谐、健康发展的不竭动力。

三、本章小结——博士教育目的的思考

由于每一个博士生都是独立存在的个体，所以关于博士教育评价必须通过博士生自身价值和其产生的社会价值进行衡量。从学生的角度来看，博士生的教育必须满足实现个人自由，实现个体全面、和谐发展的需要。从用人单位的角度出发，博士生教育必须满足市场的需要，因此，需要博士生在接受教育的过程中，实现自身能力、技术、素质的提高。从学校的角度出发，博士生教育应当匹配学科的发展方向，重视知识的创造、开发和传承，以便适应未来的研究活动。由此可见，尽管在实践中，每个主体所声称的"博士生教育"都是为了促进学生的全面发展，但不同主体看待博士生教育的角度不同，对博士教育目的的理解也有所不同。这就造成了博士生教育目标以及博士生教育质量的衡量标准非常复杂。

因此，为增强本研究的针对性，本研究将博士研究生培养目标定义为狭义的"博士研究生培养目标"，其内涵参照《学位条例》中，博士学位申请者须"在本门学科上掌握坚实宽广的基础理论和系统深入的专门知识；具有独立从事科学研究工作的能力：在科学或专门技术上做出了创造性的成果时，方可授予博士学位"的内容。本研究自

然科学博士研究生培养目标应当是"为了使其具有成为科研工作者相关能力"，最终自然科学博士生的教育成果应当体现在博士研究生的学术成果上。

第四章　博士生潜质评价指标的质性研究——自然科学家特质分析

一、研究设计

（一）样本选取

自然科学家质性研究样本分为词频分析和个案研究两部分：第一，自然科学家特质的词频分析。此部分的样本取自两院院士的相关文献资料，由于社会环境具有时代性的特点，因此，为使研究更能贴近现今社会，依照2015年度中国两院院士入选名单进行取样。第二，自然科学家特质的个案研究。为验证词频分析的准确性，需进行个案研究。由于个案研究对象应涵盖年龄、性别、出身等属于个人信息的因素，因此采用方便取样的原则，笔者对身边的院士、长江学者、青年千人计划获得者、学科负责人以及一般博士生导师进行取样。

（二）数据采集

1.自然科学家特质词频分析文献样本，以2015年入选的中国两院院士为研究对象。其中数学和物理学11人、化学9人、生命科学和医学12人、地学部10人、信息技术科学10人、技术科学11人、机械与运载工程学9人、信息与电子工程学8人、化工/冶金与材料工程学9人、能源与矿业工程学8人、土木/水利与建筑工程学8人、环境与轻纺工程学6人、农业学9人、医药卫生学7人、工程管理学6人。根据研究目的，笔者通过网络和纸质媒介获取了总数超过100万字的中文文献材料，文献材料共396篇，其中访谈105篇、采访161篇、新闻49篇、自传81篇。从内容来看，文献材料包括个人传记文献、影响科学产出因素的文献、科学合作的文献、职业成就的文献等。

2.自然科学家特质的个案研究资料样本，采用方便取样的原则，选取院士、长江学者、青年千人计划获得者、学科负责人以及一般博士生导师的个案调查对象共8人，自然科学家特质的个案研究样本自然状况如表4.1所示。

表4.1　自然科学家特质的个案研究样本

姓名	年龄	性别	出生地类别	留学经历	职称	工作单位
康雁	54	男	城市	是	教授	东软数字医疗系统股份有限公司
金虹	55	女	城市	是	教授	哈尔滨工业大学
秦裕琨	85	男	城市	否	教授（院士）	哈尔滨工业大学
王辉	41	男	农村	是	教授	哈尔滨工业大学
刘腾飞	33	男	城市	是	教授（青年千人）	东北大学
付俊	39	男	农村	是	教授（青年千人）	东北大学
张明雪	56	女	城市	是	教授	辽宁中医药大学
唐立新	52	男	农村	是	教授（长江学者）	东北大学

个案资料来源于笔者与访谈对象进行的结构性访谈所得出的访谈文本。每位访谈对象的访谈时长控制在40至45分钟，依照正常谈话语速，大约每分钟160个汉字推算[①]，每位访谈对象的访谈材料在6400至7200个汉字之间。需要说明的是，结构性访谈的访谈提纲是依照文献研究中所得出的自然科学家特质类型所编纂的。同时，笔者在访谈的过程中，会根据每一名访谈对象回答的具体内容，在对基本访谈提纲问题描述大方向不改变的前提下，对于问题细节、描述方式、提问顺序进行调整。

（三）文献分析设计

本章文献分析是利用文献资料间接考察历史事件和社会现象的研究方法。文献分析方法具有间接性、无干扰性和无反应性的特点，是人文社会科学研究有效的路径之一。本研究整理分析自然科学家相关文献的主要过程如下：

（1）建立编号系统。

在整理和初步分析阶段。首先采取按人编号的办法，对每一份文本材料编号，建立编号系统，即每一位科学家对应一份资料。每份资料可能包括不止一篇文献，同时一篇文献中也可能涵盖传记、访谈等多种质性资料类型中的一种或数种。并且考虑到地域、学科和性别的不同，将学科（数学-M，物理学-P，化学-C，地学-G，生物学和医学-B）和性别（男性-M，女性-F）也纳入编号系统。这样，编号即可采用"人名首字母缩写+学科+所在地域+性别"的方式。例如

---

① 中国学位与研究生教育信息分析课题组. 中国学位与研究生教育信息分析报告［M］.北京：中国人民大学出版社，2009：196.

中国科学院数学物理学部院士的邓小刚编号为Dxg-P-M。

（2）开放式编码。

编码也称为"登录"，目的在于找到对本研究有意义的码号（code）[1]。"码号"是资料分析中最基础的意义单位。通过寻找码号及其关系，可以使原始资料超越原有的组织方式，以新的单位重新组织，进而发现其中的意义。而寻找码号的标准在于相关词语含义出现的频次。

码号寻找的最初阶段通常都是开放式的，原始资料中，任何表达与研究问题有关独立含义的语词或短语都予以登录，并用不同的数字予以表示。在质性研究中，整理资料与分析资料往往是同步进行的，对资料的整理建立在一定的分析基础之上，整理行为受制于已有的分析体系。另外，随着资料整理的深入，研究者会对研究对象产生一些初步的想法，构建起"本土概念"或者"原生理论"，对此，应及时进行记录，作为后续深入分析的基础。本研究中，我们主要使用备忘录来记录分析过程中的初步想法。

（3）建立编码系统的归类系统。

在经过开放式登陆后，将文献输入词频分析工具后得出相应的高频词汇表格，再将高频词输入编码系统中，依照语境寻找码号即高频词语义之间的关联，目的是使登录的码号趋向集中，形成编码系统。

（4）进行类属分析。

依据此编码系统，重新阅读质性材料，根据描述性资料的语境进行语义提取，并对提取出的语境进行归类。

---

① 张颂. 播音主持艺术论［M］. 北京：中国传媒大学出版社，2009：201.

（5）形成初步的结果或理论。

在上述质性资料的分析步骤完成后，本研究主要的研究结论已在分析过程中逐渐形成，尽管社会科学界关于质性研究的目的是否在于建立理论还存在争议，但在陈向明看来，质性研究中的理论并不是传统意义上对社会现实进行概念化和抽象化的"公理"，而是大多属于"在原始资料的基础上建立起来，在特定情境中对特定社会现象所做的解释"①。按照这种观点，质性研究结果与理论本身即为一体。

具体操作，此处以中国科学院院士薛其坤的报道为例：

编号 Xqk-P

薛其坤对自己有一股狠劲儿：没有休过一个像样的假期和周末，每年平均工作330天以上，每天平均工作15小时。反反复复制备和测量了1000多个样品，薛其坤团队【1】才最终找到最佳的元素搭配与结构……一朝成果【2】，4年苦功。而这4年苦功，背后是30年的累积。机会总是给有长期积累的人，在进入量子反常霍尔效应研究之前，薛其坤从事超薄膜材料【3】的制备、表征及其物理性能研究长达20多年【4】。拓扑绝缘体材料的生长动力学就与他长期【4】从事的砷化镓研究有非常类似的地方。于是他按照生长砷化镓的方法进行实验，首先建立起拓扑绝缘体材料的生长动力学。

"有没有想过如果量子反常霍尔效应的实验没有成功会怎样？"记者好奇。

薛其坤马上纠正："基础研究本身就充满了不确定性。即使没有摘到山顶的樱桃，沿途的花草美景也都是成果【2】啊。"薛其坤以量子反常霍尔效应实现过程中的一个例子说明，"比如我们发现在绝缘材料【3】中掺入一定区间内的磁性材料【3】，整体的导电性并无差别，这是很有趣【3】的现象，于是就发现了拓扑绝缘体的新特性，在磁学领域意外收获了一枚新果实。"薛其坤认为，基础研究者必须定下一个高远的目标，发论文、作者排名绝对不能成为科研目的，当向高峰攀登的过程中，沿途会有很多收获，甚至还会开辟出一片更广的新天地，发现一个新问题【2】的解决方式。

编号翻译：①合作；②善于创新；③兴趣；④有恒心

---

① 费小冬.扎根理论研究方法论：要素、研究程序和评判标准［J］.公共行政评论，2008，1（3）：23-43.

首先，对资料进行词频分析，总结出各词性高频词汇。

其次，将词汇回归文本分析词汇的语境语义，剔除与特质无关的词汇后，对资料中特质相关词汇进行标注，例如，合作（团队）、善于创新（成果、问题）、有恒心（长期、多年）、兴趣（有趣、材料）等。其中需要说明的是"材料"这个词的词义的划分，本资料中"材料"包括磁力材料、绝缘材料、薄膜材料等多种材料类别，在大多数材料中，这类研究对象相关的名词代表对研究对象进行了多方面的尝试，或者说这代表着科学家勇于尝试的精神。但是在前文资料中，笔者还发现这样的一段话："比如我们发现在绝缘材料中掺入一定区间内的磁性材料，整体的导电性并无差别，这是很有趣的现象，于是就发现了拓扑绝缘体的新特性，在磁学领域意外收获了一枚新果实。"这说明支撑这种尝试精神的特质除刻苦和肯钻研之外，更为重要的是对于科学研究的兴趣，一种把实验室作为"游乐场"的特质。这与爱迪生在遭受了大量新闻媒体的冷嘲热讽后，坚持进行了大量实验最终确定碳化竹丝作为灯泡的灯丝材料的故事一样[1]，这种行为不仅仅是需要肯钻研的精神，更需要对于科学的浓厚兴趣作为支撑。

再次，将词汇所代表的特质进行整理，得出各特质类型所包含的特质词汇的词频数。

最后，运用普赖斯公式对各特质类型所包含的特质词汇数进行分析，得出自然科学家特质分析的文献研究结果。

（四）个案材料设计

个案研究（Case Study）是"一种用于分析真实情景下现象

---

① 陈向明. 质的研究方法与社会科学研究［M］. 北京：教育科学出版社，2000：12.

的经验研究，特别是针对那些现象与环境的界限不甚清晰的情况（Yim，2008）[①]。"个案研究与其他方法相比，个案研究能够以深入翔实的描述、论述与分析，更全面地揭示某个典型案例的全貌，适合对多层次分析单位的研究。丹·麦克亚当斯（Dan P.MeAdams）与他的同事所总结出的原则进行结构化访谈（MeAdams，2008）[②]，目的是让科学家对于自身经历进行阐述，并对科学家常用的、与特质相关的常用词汇进行分析。首先，建立访谈提纲，访谈提纲如下：

表4.2 访谈提纲

题号	问题
1	针对您所获得的科研成果,您认为哪些因素对科研工作者来说比较关键?
2	我想知道是什么因素促使您潜心研究学问的?
3	您认为一般的科学工作者是应当具有哪些能力的?
4	在生活中有哪些兴趣与爱好,你的其他爱好对于您的科研是否具有帮助?
5	您在国外大学学习过吗? 如果有, 您认为这些经历对您有何影响?
6	您在学习和科研的过程中有哪些人对您产生了很大的影响?
7	您是如何定义科学研究中的创新的, 其他学科大类的知识对于您的科研经历有什么具体的帮助吗?
8	您能讲讲您的人生或者科研经历吗?
9	您在科研的过程中有什么科研经历是您最值得骄傲的?
10	是什么因素一直支持着您无论在任何困境都坚持热爱科研工作?
11	您认为什么样的人是适合读博士的?
12	您曾经遇到过哪些挫折? 并且是如何克服的?

① Consol. Elec. Light Co v. McKeesport Light Co, 40 F. 21（C.C.W.D. Pa. 1889）aff'd, 159 U.S. 465, 16 S. Ct. 75, 40 L. Ed. 221（1895）:14-16.

② Yim. Planetary contingency［Education］［J］. 2008, 15（4）:14-16.

其次，通过词频分析软件分别得出形容词、动词、名词、冠词、数词等词性的高词频词汇，再将所有高词频词汇回归原文运用QSR-NVivo11软件将每个词回归原文中，剔除不明词义的词汇。

再次，依照每个高频词在其语境中的语义进行类属归类，运用普赖斯公式对八位个案自然科学家各特质类型所包含的特质词汇数进行分析，得出八位个案自然科学家特质类型。

最后，对八位个案自然科学家的特质类型进行统计分析，并与文献研究结果进行比对，检验文献研究结果的准确性。

二、研究过程与结果

（一）文献研究过程与结果

1.文献研究过程

叙事心理学认为不同词性的词汇能够表达不同的特质[①]。故本文根据采集到的文献资料，对科学家文献语料中形容词、动词、名词、定冠词、代词的使用情况进行了质性分析，试图通过词频和语义分析得出代表自然科学家特质高频率词汇，最后通过个体和群体之间的比较，揭示自然科学家在叙事情景下的特质结构特点。

首先，通过QSR-NVivo11对文献中的形容词、名词、动词、冠词依照词性，提取与自然科学家相关的特质词汇。

其次，依照上文规则将各词性词进行分类提取，再将各词汇回

[①] McAdams, DP（2008b）The Life Story Interview ［Homepage of The Foley Centre for the study of lives, Northwestern University］, Available at: http://www.sesp.northwestern.edu/docs/LifeStoryInterview.pdf.

归文章的语境剔除与个性特质无关或意义不明显的词汇，如形容词不行、不错之类；如名词作用、水平、只有等。

再次，依照各词性所代表的特质取向设立规则和语境中的语义，进行归类。其中各词性所代表特质取向的规则如下：

①形容词代表研究对象的好恶倾向，是最直接的特质代表词汇类型，可以直接依照词义进行分类（Fast&Funder，1998）[1]。

②名词依照Hirsh和Peterson的研究，家人和社会关系有关的名词与外向型相关；成就、工作内容相关名词与尽责性相关；情绪、愤怒、焦虑、悲伤、有关身体的名词与神经质呈正相关（Hirsh和Peterson，2009）[2]。

③动词方面，基于许燕和王萍萍2013年所用的105个中文动词表单，动词分为三个维度。控制维度，主要表现为：部分能愿动词，包括"应当""必须""一可以……就……"等；部分存现动词，例如"坐着""等于""有"等；部分判断动词，例如"是""属""表示"等；部分使令动词，例如"叫""让""请"等；在施爱维度，主要表现为：部分动作动词，例如"做""来""保卫"等；心理动词，例如"害怕""想念""喜欢"等；而在追求成功的维度上，则表现为：部分动作动词，包括"研究""进行"等；部分能愿动词，例如"能够""敢""愿意"等；部分趋向动词，例如"向""接

---

① Funder D C, Fast L A. Personality in Social Psychology [M].Handbook of Social Psychology. 2010: P72.

② Lisa A. Fast, David C. Funder. Gender Differences in the Correlates of Self-Referent Word Use: Authority, Entitlement, and Depressive Symptoms [J]. Journal of Personality, 78（1）: 315.

近"等（许燕，王萍萍，2013）[①]。

④冠词，英语中的冠词有三种：一是定冠词（The Definite Article），二是不定冠词（The Indefinite Article），三是零冠词（Zero Article）。英语中定冠词就是the。冠词表示名词的性和数，以及名词是泛指的还是确指的。汉语中冠词包括定冠词和不定冠词。英语中不定冠词对应汉语的表述是"一个""一些"，定冠词对应的是"这个""这些"。中文冠词用法与英文冠词相同。我们根据这个原则进行编码，将科学家自述部分中出现的"一个""一些"作为不定冠词，而定冠词则编码为"这个""那个""这些""那些"。依照Fast和Funder的研究，较多使用不定冠词的人则更聪明、善于思考、语言流畅、具有批判性、经历丰富、兴趣广泛、具有高审美眼光（Fast&Funder，1998）[②]。

⑤代词，主要关注样本的叙事视角，有研究发现，通过自我报告法发现更多使用自我指向代词的人，通常是自恋的、压抑的、常自省的，比较偏于自我关注。经常使用他人指向代词（you&we）的人，常常是关注他人的，自我监控（self-monitoring）程度较高（Ickes et al.，1986）[③]。

⑥数词和时间类词汇，依照以往研究，使用准确的数词和时间类

① Jacob B. Hirsh, Jordan B. Peterson. Personality and language use in self-narratives [J]. Journal of Research in Personality, 43（3）:524-527.

② 许燕，王萍萍. 基于动词分析的中国人人格结构模型探索 [C].增强心理学服务社会的意识和功能——中国心理学会成立90周年纪念大会暨第十四届全国心理学学术会议论文摘要集. 2011.

③ Lisa A. Fast, David C. Funder. Gender Differences in the Correlates of Self-Referent Word Use: Authority, Entitlement, and Depressive Symptoms [J]. Journal of Personality, 78（1）:318.

词汇的人往往是偏执的、死板的、易怒的（Hayakawa，1940）[①]。Fast和Funder研究结果显示使用的泛化数词和时间类词汇（如一次次、一年年等）与智慧、判断力相关，经常使用的人是聪明的、爱思考的、自信的、受欢迎的。

⑦副词，依照中文语法，副词是指在句子中表示行为或状态特征的词，用以修饰动词、形容词、其他副词或全句，表示时间、地点、程度、方式等概念。所以副词的词义需要依照语境中的使用情况进行单独分类。

最后，运用普赖斯公式进行高频词汇的确定，得出自然科学家特质类型相关词频分析的文献研究结果。

下面以形容词为例来说明词汇的提取过程。

首先，将所有文献导入QSR-NVivo11中，设置函数获得文献中排名前100的形容词，其词汇与词频如表4.3所示。

表4.3　我国自然科学家文献形容词词汇与词频表

形容词	词频	形容词	词频	形容词	词频	形容词	词频
重要	164	繁重	10	苛刻	6	严峻	4
重大	84	精准	10	耐蚀	4	漫长	5
优秀	76	伟大	13	高尚	6	遥远	5
严谨	43	不行	13	珍贵	7	干净	5
年轻	50	聪明	12	惊人	7	有趣	5
杰出	41	坚实	10	难得	7	较大	5
很大	45	卓越	12	拔尖	4	恰当	4
不同	44	平常	11	执着	6	贫苦	3

① Shih E, Cho S, Ickes N, et al. Physical layer driven protocol and algorithm design for energy-efficient wireless sensor networks［C］. 2001:56.

续表

形容词	词频	形容词	词频	形容词	词频	形容词	词频
复杂	40	知名	11	实用	7	巧妙	4
著名	40	恶劣	9	精确	6	丰硕	3
最大	44	朴素	8	宽松	5	有名	4
巨大	31	激动	10	薄弱	5	和蔼	3
最高	28	不错	10	刻板	4	显眼	3
良好	23	高级	10	贫寒	4	好学	3
特殊	22	浓厚	8	最长	6	微微	4
谦和	13	美丽	10	安静	6	开敞	2
普通	20	简陋	7	陌生	6	善良	4
高兴	19	广阔	8	深厚	5	高超	3
有效	19	通俗	7	调皮	5	独特	4
优异	13	精彩	9	细致	5	强大	4
扎实	13	原始	8	最深	5	美好	4
显著	14	宝贵	8	内敛	4	漂亮	4
执着	15	合适	8	细心	5	宽敞	3
明显	15	清楚	8	微小	4	过时	3
艰苦	13	温和	7	严密	4	凌乱	3

其次，将每一个词频回归至文献，并根据词汇在《现代汉语词典》中的语义进行归类。如严谨（严肃谨慎，严密周到）、精准（非常准确，精确）、苛刻（条件要求等过高，过于严厉，刻薄）等，将语义相近或有包含关系的词语归为一类，结果如表4.4所示。

表4.4　基于形容词词频的我国自然科学家特质及源词汇及词频表

特质词汇	源词汇与词频					
严谨	严谨	43	精准	10	苛刻	6
	坚实	10	扎实	13	刻板	4
	细致	5	细心	5		
	执着	15	坚实	5		
完美主义	最大	44	巨大	31	最高	28
	显著	14	伟大	13	执着	6
	拔尖	4	独特	4		
对科学兴趣浓厚	有趣	5				
善于学习	好学	3				
善于找到差异	不同	44	特殊	22		
能吃苦	艰苦	13	繁重	10	朴素	8
	简陋	7	贫苦	3	恶劣	9
前期表现优秀	优异	13	聪明	12	卓越	12
谦逊内敛	谦和	13	温和	7	和蔼	3

同理，我们通过词频和语义分析对名词、动词、代词、数词进行与形容词相同的研究过程。名词、动词、冠词等词汇如表4.5所示。

表4.5　自然科学家特质相关各词性词汇频数表

词性	特质分类	词汇	频数	词汇	频数	词汇	频数	词汇	频数
名词	合作	课题组	38	学者	77	办公室	68	专家	100
		中科院	80	教授	215	同学	98	学院	88
		博士生	42	研究生	112	老师	201	大学	148
		导师	98	研究所	86	教师	72	国际	258
		实验室	197	团队	233	学校	106		
		硕士	60	博士	161	项目	107		
	有恒心	多年	61	不断	69	时间	164		
	完美主义	更多	72						
	善于创新	研究成果	51	水平	174	重点	57	问题	494
		科研成绩	111	论文	102	方法	69	系统	229
		过程	386						

续表

词性	特质分类	词汇	频数	词汇	频数	词汇	频数	词汇	频数
名词	严谨	（研究）基础	124						
	知识背景广	肿瘤	90	学科	90	方面	95	化学	57
		桥梁	47	钢铁	53	领域	119	工程	147
		建筑	59						
	对科学兴趣浓厚	科研工作	111	兴趣	89	材料	112	科研	111
		北斗	63	学术	122	（热爱）工程	117	科学	199
		细胞	95	精神	66	技术	203	科技	135
	重视能力提升	纤毛虫	30	细胞	99	能力	76	专业	129
		肿瘤	90	物理	104	环境	107	个人	93
		材料（学科）	98	理论	100				
	善于学习	成绩	75						
	能吃苦	（吃苦）精神	66						
	具有好奇心	（提）问题	194						
		二等奖	48	荣誉	62				
	为人谦和	学生	400	孩子	59				
	做事效率高	研究成果	51	贡献	71	时候	105	结果	64
		贡献	71						
		时间	164						
动词	合作	带领	59	担任	42	同行	34	参加	55
		开展	41	领导	43	组织	43		
	有恒心	坚持	86	继续	41				
	完美主义	做好	33						
	善于创新	创造	40	创新	163	比较	73	相关	55
	直觉敏锐	觉得	421	认为	299	可能	193	应该	65
	严谨	要求	82	计算	68				
	对科学兴趣浓厚	喜欢	63						

续表

词性	特质分类	词汇	频数	词汇	频数	词汇	频数	词汇	频数
动词	善于学习	思考	44	学会	35	求学	26		
	能吃苦	经历	76						
	前期表现优秀	毕业	138	考上	29				
	做事效率高	解决	88						
	肯钻研	坚持	86	努力	81	探索	58	找到	54
		研制	50						
代词	合作	我们	460	他们	450				
	具有好奇心	什么样	9	为什么	17	什么	101	如何	52
		哪个	3	怎么	48	怎样	17	怎么样	4
		多少	15	哪里	10	哪些	9		
	有恒心	每天	37	每次	27	每年	25	如此	23
	直觉敏锐	这些	122	那么	52	这么	52	那个	35
		有些	34	那些	20	这样	137		
数词和时间词	严谨	一个	529	一些	69				
	有恒心	一次次	14	一辈子	10				
	能吃苦	年底	15	春节	12	凌晨	11	节假日	5
		深夜	16	一整天	2				
副词	肯钻研	潜心	13						
	能吃苦	毅然	6						
	有恒心	总是	45	经常	44	始终	43	长期	36
		常常	22	永远	17	基本上	6	随时	6
		一直	113						
	做事效率高	高效	18	快速	17				
	直觉敏锐	大概	8	或许	9				

2. 文献研究结果

依照表4.4和表4.5整理得出代表自然科学家特质的词汇与词频数如表4.6所示。

表4.6 我国自然科学家的特质类型及源词汇与频数表

特质类型	词频	源词汇与词频							
合作	3590	团队	233	国际	258	教授	215	实验室	197
		老师	201	博士	161	大学	148	导师	98
		研究生	112	中科院	80	项目	107	学校	106
		同学	98	专家	100	研究所	86	学院	88
		学者	77	教师	72	办公室	68	硕士	60
		课题组	38	博士生	42	带领	59	参加	55
		担任	42	领导	43	组织	43	开展	41
		同行	34	我们	460	他们	450		
有恒心	911	时间	164	不断	69	多年	61	坚持	86
		继续	41	执着	15	漫长	5	一直	113
		总是	45	经常	44	始终	43	长期	36
		常常	22	永远	17	基本上	6	随时	6
		每天	37	每次	27	每年	25	如此	23
		一次次	14	一辈子	10	一整天	2		
完美主义	546	更多	72	做好	33	重要	164	重大	84
		杰出	41	很大	45	最大	44	巨大	31
		最高	28	拔尖	4				
善于创新	2576	问题	494	成果	520	系统	229	论文	102
		过程	386	水平	174	研究成果	51	方法	69
		重点	57	科研成绩	38	创新	163	比较	73
		相关	55	创造	40	不同	44	复杂	40
		特殊	22	有效	19				
直觉敏锐	1461	觉得	421	认为	299	可能	193	应该	65
		显著	14	大概	8	或许	9	这样	137
		这些	122	那么	52	这么	52	那个	35
		有些	34	那些	20				

续表

特质类型	词频	源词汇与词频							
严谨	1253	基础	124	要求	82	计算	68	严谨	343
		精准	10	苛刻	6	刻板	4	细致	5
		细心	5	微小	4	严密	4	一个	529
		一些	69						
知识背景广	757	领域	119	工程	147	肿瘤	90	学科	90
		方面	95	化学	57	钢铁	53	桥梁	47
		建筑	59						
对科学兴趣浓厚	1469	科研	111	技术	203	科学	199	（热爱）工程	117
		科技	135	学术	122	兴趣	89	北斗	63
		精神	66	科研工作	38	细胞	95	材料（具体）	112
		喜欢	63	高兴	19	激动	10	浓厚	8
		有趣	5						
重视能力提升	1016	肿瘤	90	物理	104	环境	107	好学	3
		细胞	99	材料（学科）	98	专业	129	理论	100
		纤毛虫	30	能力	76	个人	93		
善于学习	195	成绩	75	思考	44	学会	35	求学	26
		聪明	12						
能吃苦	270	（吃苦）精神	66	经历	76	艰苦	13	繁重	10
		恶劣	9	朴素	8	简陋	7	原始	8
		贫寒	4	严峻	4	毅然	6	深夜	16
		年底	15	春节	12	凌晨	11	节假日	5
具有好奇心	1080	好学	3	什么	101	如何	52	怎么	48
		为什么	17	怎样	17	多少	15	哪里	10
		什么样	9	哪些	9	怎么样	4	哪个	3
		（提）问题	194	一个	529	一些	69		

特质类型	词频	源词汇与词频								
前期表现优秀	378	二等奖	48	荣誉	62	毕业	138	考上	29
		优秀	76	优异	13	卓越	12		
为人谦和	482	学生	400	孩子	59	谦和	13	温和	7
		和蔼	3						
做事效率高	578	时间	164	时候	105	贡献	71	研究成果	51
		结果	64	解决	88	高效	18	快速	17
肯钻研	365	坚持	86	努力	81	探索	58	找到	54
		研制	50	扎实	13	坚实	10	潜心	13

依照表4.6代表自然科学家特质的词汇与词频数的结果，使用普赖斯公式进行高频词汇的确定[1]：

$$M = 0.749\sqrt{N_{max}}$$

其中M为高词频的最低词频数，N_{max}为词频数最高的数值。计算得出$M \approx 44.877$，由此确定科学家的高频词汇表类别从"合作"至"做事效率高"，共16个，其分布情况如表4.7所示。

表4.7 我国自然科学家特质类型相关词频及百分比

特质类型	词频	百分比 /%
合作	3590	21.21
善于创新	2576	15.21
对科学兴趣浓厚	1469	8.68
直觉敏锐	1461	8.63
严谨	1253	7.40

[1] Hayakawa S I. A Matter of Linguistics（Poem）[J]. 1940:174.

特质类型	词频	百分比/%
具有好奇心	1080	6.38
重视能力提升	1016	6.00
有恒心	911	5.38
知识背景广	757	4.47
做事效率高	578	3.41
完美主义	546	3.23
为人谦和	482	2.85
前期表现优秀	378	2.23
肯钻研	365	2.16
能吃苦	270	1.60
善于学习	195	1.15

对表4.6中自然科学家特质类型相关词频百分比进行可视化整理后，得出我国自然科学家特质类型相关词频百分比折线图，如图4.1所示。

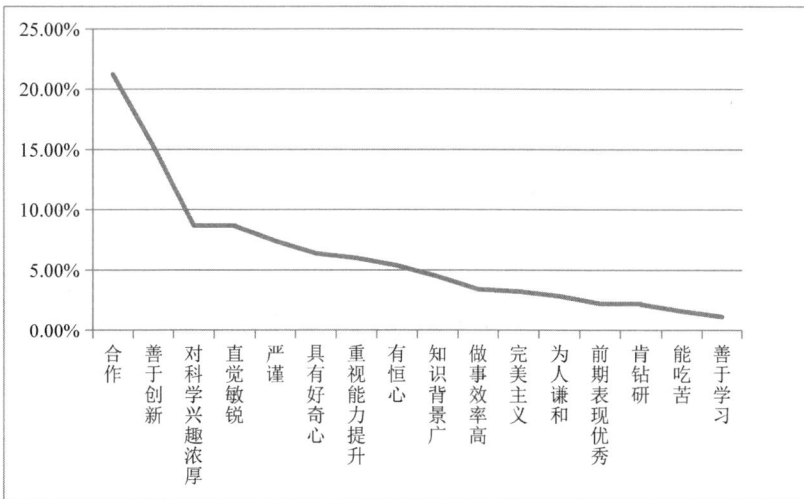

图4.1 我国自然科学家特质类型词频百分比折线图

从表4.6和图4.1中，我们可以得出以下文献研究结果：（1）基于文献研究得出我国自然科学家特质类型共16种，其中包括合作、善于创新、科研兴趣浓厚、直觉敏锐、严谨、好奇心、重视能力提升、有恒心、知识背景广、做事效率高、完美主义、为人谦和、前期表现优秀、肯钻研、能吃苦和善于学习。（2）从我国自然科学家特质类型词频百分比中我们可以发现，排在首位的特质类型是合作，占21.21%。作为一名自然科学家首先要学会将自己融入组织、集体或团队中，集中大家的智慧开展科学研究工作，合作是做好自然科学研究工作的关键。我国"两弹一星"的试验成功早已证明了这一点。其次，是善于创新，占15.21%。科学研究是一种创造性的工作，一切新发现、新发明都是创新的结晶。第三位和第四位分别是科学兴趣浓厚和直觉敏锐，分别占8.68%和8.63%。说明自然科学家要对科学具有浓厚兴趣并善于发现问题。而列在后三位的分别是肯钻研、能吃苦和善于学习，分别占2.16%、1.60%和1.15%。说明作为自然科学家需要肯钻研、能吃苦和善于学习，但这些只是基本特质，而不是核心特质。

（二）个案研究过程与结果

1. 个案研究的过程

主要包括以下四个步骤：第一，按照访谈提纲的内容对个案研究对象进行结构化访谈。结构化访谈的方式包括，面对面访谈和电话访谈两种。结构化访谈中，每个访谈时长限制在40至45分钟之间。第二，运用语音识别软件对录音进行文字整理，并由笔者进行校对。依据个案访谈录音共获得97669字的文字资料。第三，将文字整理结果输入QSR-NVivo11中，参照4.2.1文献研究过程中的词频分析步骤和各词性所代表特质取向规则进行整理，初步获得个案研究特质类型及特质词汇词频。第四，运用普莱斯公式进行高词频词汇的判定，统计出个案研究对象的特质词频及词频占比。

2.个案研究结果

在对个案访谈资料的词频分析和使用普莱斯公式进行高词频词汇判定后，得出个案研究结果，个案研究特质类型及源词汇词频与百分比，如表4.8所示。

表4.8 个案研究特质类型及特质词频与百分比

特质类型名称		金虹教授	付俊教授	康雁教授	刘腾飞教授	秦裕琨院士	王辉教授	唐立新教授	张明雪教授
合作	词频	183	234	299	227	250	188	297	545
	百分比	21.89%	21.81%	21.18%	21.35%	21.37%	21.20%	21.23%	21.25%
善于创新	词频	129	165	210	168	178	138	223	390
	百分比	15.43%	15.38%	17.87%	15.80%	15.21%	15.56%	15.94%	15.20%
对科学兴趣浓厚	词频	68	97	98	103	100	80	115	180
	百分比	8.13%	9.04%	6.94%	9.69%	8.55%	9.02%	8.22%	7.02%
直觉敏锐	词频	75	97	85	98	91	90	108	178
	百分比	8.97%	9.04%	6.02%	9.22%	7.78%	10.15%	7.72%	6.94%
严谨	词频	65	97	84	74	84	72	101	148
	百分比	7.78%	9.13%	5.95%	6.96%	7.18%	8.12%	7.22%	5.77%
具有好奇心	词频	72	88	62	74	75	73	73	178
	百分比	8.61%	8.20%	4.39%	6.96%	6.41%	8.23%	5.22%	4.17%
重视能力提升	词频	42	78	39	60	68	60	74	158
	百分比	5.02%	7.27%	5.76%	5.64%	5.81%	6.76%	5.29%	4.05%

特质类型名称		金虹教授	付俊教授	康雁教授	刘腾飞教授	秦裕琨院士	王辉教授	唐立新教授	张明雪教授
有恒心	词频	51	56	38	58	58	26	71	107
	百分比	6.10%	5.22%	2.69%	5.46%	4.96%	2.93%	5.08%	3.63%
知识背景广	词频	36	40	33	47	51	28	69	104
	百分比	4.31%	3.73%	2.34%	4.42%	4.36%	3.16%	4.93%	3.90%
做事效率高	词频	32	–	36	28	41	18	64	93
	百分比	3.83%	–	2.55%	2.63%	3.50%	2.03%	4.57%	3.31%
完美主义	词频	29	37	30	36	36	22	53	100
	百分比	3.47%	3.45%	2.12%	3.39%	3.08%	2.48%	3.79%	2.81%
为人谦和	词频	22	29	23	28	33	29	29	85
	百分比	2.63%	2.70%	1.63%	2.63%	2.82%	3.27%	2.07%	2.46%
前期表现优秀	词频	17	41	23	16	25	–	28	72
	百分比	2.03%	3.82%	1.63%	1.51%	2.14%	–	2.00%	1.91%
肯钻研	词频	15	–	15	16	29	20	32	63
	百分比	1.79%	–	1.06%	1.51%	2.48%	2.25%	2.29%	1.87%
能吃苦	词频	–	–	21	16	30	15	27	49
	百分比	–	–	1.49%	1.51%	2.56%	1.69%	1.93%	1.48%
善于学习	词频	–	13	17	14	21	18	35	48
	百分比	–	1.19%	1.21%	1.32%	1.79%	2.03%	2.50%	1.13%

从表4.8中，我们可以得出以下两方面结论：（1）个案研究和文献研究特质类型词频百分比趋于一致。其中"合作"均达到21%以上，"善于创新"均达到15%以上，8位自然科学家个案前三种特质类型和排列顺序与文献研究完全一致。（2）不同个案在优势特质类

型上也存在一定的差异。如金虹教授在"好奇心"和"有恒心"特质方面表现优于文献研究和其他个案，但在"能吃苦"和"善于学习"两个方面未列入高词频特质；付俊教授在"严谨""重视能力提升"和"前期表现优秀"方面倾向明显，而"做事效率高""肯钻研"和"能吃苦"则未列入高词频特质；康雁教授"善于创新"方面表现优秀；王辉教授在"对科学兴趣浓厚"和"直觉敏锐"方面表现优秀，但王辉教授在"前期表现优秀"方面表现并不显著。综上所述，自然科学家文献研究结果较为准确地分析出了我国自然科学家的特质类型，同时也发现自然科学家人格特质呈现大体相同、个体相异的特点。

三、本章小结

本研究以2015年"两院"院士的文献资料为样本，运用词频分析工具，依照词性和语境语义得出了自然科学家的十六种特质，按照词频由高到低的顺序，自然科学家十六种特质依次是合作、善于创新、科研兴趣浓厚、直觉敏锐、严谨、好奇心、重视能力提升、有恒心、知识背景广、做事效率高、完美主义、为人谦和、前期表现优秀、肯钻研、能吃苦和善于学习。在词频分析结果的基础上，通过个案研究进行了进一步的检验，验证了由于先天遗传和后天经历的不同，特质在不同个体之间具有一定的差异性。但由于样本数量和质性研究方法的限制性，本研究仍有一定的不足，应当进一步进行质性研究。

第五章 《自然科学博士生潜质评价指标体系》及权重的确立

前文运用词频分析工具得出了自然科学家的16种特质类型。本章根据质性研究的结果，编制《自然科学博士生潜质评价问卷》（简称《潜质问卷》），并在自然科学工作者中进行问卷调查，确定自然科学博士生潜质，通过信度分析、效度分析、探索性因子分析和验证性因子分析等，确定各级指标构成及权重，最终完成《自然科学博士生潜质评价指标体系》（简称《潜质体系》）的构建。

一、研究设计

（一）问卷编制

为确定自然科学博士生应有的科研潜质，将《潜质问卷》发放至自然科学工作者进行问卷调查。《潜质问卷》编制包括问卷维度确定和问题编制两个步骤。

维度确定方面，由于自然科学家属于自然科学工作者群体，因此，将第四章文献研究得出的包括合作、善于创新、科研兴趣浓厚、直觉敏锐、严谨、好奇心、重视能力提升、有恒心、知识背景广、做事效率高、完美主义、为人谦和、前期表现优秀、肯钻研、能吃苦和善于学习在内的16种自然科学家特质作为16个维度编制问卷。

依照"问卷设计每个变量对应的题目一般需要3至5个"的原则，将《潜质问卷》各维度分别设计五道单项选择题，共80题，如表5.1所示。问卷计分采用李克特量表计分标准，每道选择题按1至5分计分。其中，1分代表非常不符合，5分代表非常符合，分数越高越符合自身行为。同时为测量特质水平对科研成果的影响，设计了10道自然情况和科研成果调查问题。为防止同类特质问题的结果在测量过程中产生重复性偏差，实际问卷题目按照随机顺序发放，详见附录A。

表5.1 潜质问卷

维度	问卷题目
合作	我善于和他人沟通
	我常常和他人交流观点
	我习惯和他人共同完成任务
	求学过程中老师对自身影响很大
	我常常对别人做出指导性建议
善于创新	我总能分辨出事物的区别
	我认为分析问题是创新的第一步
	我认为真理掌握在少数人手中
	对于权威的观点我能提出理性的、有创新性的观点
	我能够找到问题的重点并以此进行研究

续表

维度	问卷题目
科研兴趣浓厚	对某个未知的领域／事物／问题我会一直探究下去
	我认为科学研究是有趣的
	兴趣是我行为的驱动力
	我是志愿从事科学研究的
	我最大的成就感源自科研成果的获得
直觉敏锐	"猜想"是未经证实的事实
	我对理论和抽象的观念很感兴趣
	我时常有"灵光一现"和"顿悟"
	我会依据我的感知迅速地对问题答案作出判断
	我会在研究时预设结论，并按照这个结论进行试验
严谨	我认为严谨是我过去成就获得的重要因素之一
	我愿意多次检验科研结果的准确性并乐此不疲
	我常常考虑周全再行动
	我做事一直有始有终
	我会字斟句酌考虑论文的言辞，以致有些苛刻
好奇心	我是不懂就问、不会就学的
	我认为新事物是有趣的、多姿多彩的
	我时常感到学得越多未知越多
	我喜欢探究不了解的事物
	我会对一些事物表示特别的注意
重视能力提升	我时常阅读书籍、乐于学习
	我非常重视基础学科的学习
	我愿意尝试各种方式提升自身能力
	我会专门对自己进行逻辑思维训练
	我非常重视外语能力，并且有特意地进行练习
有恒心	我会为一件事情付出长期的努力
	别人眼中的我是有毅力的
	我一直有完成任务的决心
	我有顽强的意志力
	我能"坐得住板凳"

续表

维度	问卷题目
知识背景广	我准确了解我所涉猎专业内的知识
	我愿意了解学科大类内其他相关专业知识
	我常常关注社会科学和人文科学的知识
	我常常阅读其他学科的文献
	其他学科的知识总是能帮助我解决问题
做事效率高	我认为相对结果而言效率更为重要
	因为我工作效率很高,所以我常常在团队里承担更多的任务
	我在进行研究时按照严谨的科学步骤迅速执行
	我认为及时行乐是好的(反向计分)
	我常常有一个想法就会立刻去做,尽管有可能失败
完美主义	我愿意坚持为社会进步做出贡献
	完美是我毕生追求的目标
	我习惯用好坏(对错)来区分事物
	我常常用极高的道德标准约束自己
	我常常对过去的成果表现不满
为人谦和	我能够虚心接受他人对我科研相关内容的反对意见
	尽管有时感到厌烦,但我仍愿为他人伸出援手
	相对命令他人我更喜欢恳求别人
	如果外界或他人不受我的控制会让我感到不安(反向计分)
	我情绪总是稳定的,很难有事情让我情绪波动
前期表现优秀	我认为担任学生职务对于内在能力有巨大的提升作用
	学生时期我一直是一个成绩优异的学生
	我曾在学生期间多次获得国家或命名奖学金
	我曾就读于知名高校
	学生时期我曾因重大科学/技术突破获得过其他组织/个人表彰
肯钻研	我有"打破砂锅问到底"的精神
	相对于研究的广度而言我更重视研究的深度
	我常常因为思考一个问题而失眠
	我常常因为某一工作牺牲自己休息时间
	我坚信失败是成功之母

续表

维度	问卷题目
能吃苦	我在艰苦环境中仍能保持良好的心态进行研究
	物质是影响我生活质量的重要因素（反向计分）
	安静、舒适的工作环境对我并不重要
	我的休息日（双休日、节日）常常以工作度过
	相对物质贫穷我更害怕精神贫穷
善于学习	某些外界刺激对我的影响较大
	我常常会因为分析某样事情而忘记时间
	我善于透过现象看到本质
	我总能迅速地理解新事物，完成"是什么—怎么样—为什么"的思维过程
	我善于将客观对象的整体分解为若干部分进行研究
科学工作者自然情况	您的性别
	您所在的高校（科研院所）名称
	以第一作者（或通讯作者累计发表 SCI/SSCI 论文数）
	以第一作者（或通讯作者）SCI/SSCI 累计他引数
	以第一作者（或通讯作者）累计发表 EI 论文数
	以第一作者（或通讯作者）EI 论文累计他引数
	以第一作者（或通讯作者）其他类论文累计他引数
	您的工龄（从事学术研究工作的年数）
	您的职称

（二）样本选取

为确定《自然科学博士生潜质评价量表》（简称《潜质量表》）的项目及其权重，本章选取有自然科学研究工作经历的科研工作者作为研究对象。由于我国自然科学工作者在总人口所占比例较低（0.005%），故选用非随机采样中的雪球采样（又称裙带采样、推荐采样）方法进行[①]，即以若干具有所需特征的人作为最初的调查对象，然后经由最初调查对象推荐熟悉、合格的调查对象，依次类推，逐渐扩大样本数，具体实施过程如下：

首先将东北大学、辽宁中医药大学、沈阳理工大学的部分老师作为原始调查对象，再经原始调查对象推荐，共获得478份问卷，经由重复性检验和异常问卷检验去除重复性和异常问卷后共获得417份问卷。

依照SEM最低样本容量要求，一般经验认为样本数N应满足：

$$N \geqslant 3(K+1)，$$

其中，K是检验变量的个数。当$N \geqslant 3(K+1)$时，t分布稳定，检验较为有效[②]。在问卷中，$K=80$，$N=417$，符合SEM最低样本容量。

二、数据分析方法和工具

将《潜质量表》发放至自然科学工作者样本中，作为自然科学博士生潜质评价的预调研，通过对量表结果进行描述性统计分析、信度分析、效度分析、探索性因子分析、验证性因子分析、路径分析和相关性分析，可以进一步探索出《潜质体系》的量表内容、各级指标内容、各级指标权重和得分计算公式。

---

① Liu Y. S., Wang Y. L., Mingxin L. I. An Empirical Analysis for the Applicability of the Methods of Definition of High-Frequency Words in Word Frequency Analysis [J]. Digital Library Forum, 2017.

② 冯士雍. 抽样调查理论与方法 [M]. 北京：中国统计出版社，1998：35.

基于以上目的，笔者借助SPSS 22.0、SPSS AMOS 22.0和Mplus 6.0统计软件，对问卷结果进行统计分析。其中，SPSS 22.0用于描述性统计分析、信度分析、效度分析、探索性因子分析和相关性分析，SPSS AMOS 22.0用于路径分析，Mplus 6.0用于验证性因子分析。

三、描述性统计分析

样本分布于44个高等院校和科研院所，专业涉及航天、生物、医学、工程、自动化、管理科学与工程、电子技术研发和建筑工程等多个学科。从样本所在单位类型来看，非"双一流"高校样本数为338人，远高于科研院所和"双一流"高校样本数量的总和，符合非"双一流"高校人数远多于科研院所和"双一流"高校的认知。因此，样本分布具有一定的适用性和普遍性，详见表5.2。

表5.2　样本所在单位类型分布表

样本来源单位类别	有效样本数量	百分比 %
科研院所	40	9.6
"双一流"高校	39	9.4
其他类别高校	338	81.0

从样本的自然特征来看，参与答卷的男性自然科学工作者为229人，女性自然科学工作者为188人，分别占样本总数的54.91%和45.08%（见图5.1）。本研究作为样本的自然科学工作者，从性别比例来看，男性自然科学工作者人数略高于女性自然科学工作者人数，接近于国家统计局2018年（2015自然科学家）人口统计中，男性人

口占总人口51.113%，女性人口占总人口48.886%的统计结果。

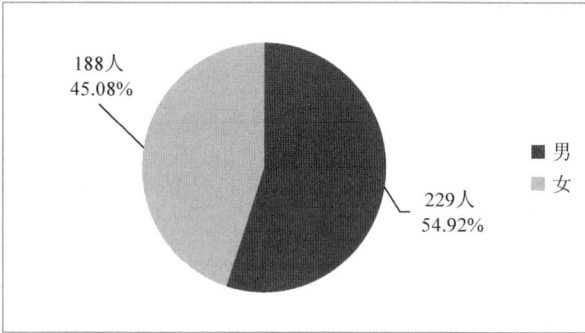

图5.1 样本性别比例图

从样本的各职称人数来看（见图5.2），职称人数排名第一位的是讲师，为166人。人数排名第二名和第三名的分别是三级副教授66人和四级教授65人。可以看出，本研究的副教授职称和教授职称中各个级别人数大体呈现出级别越高人数越少的趋势。

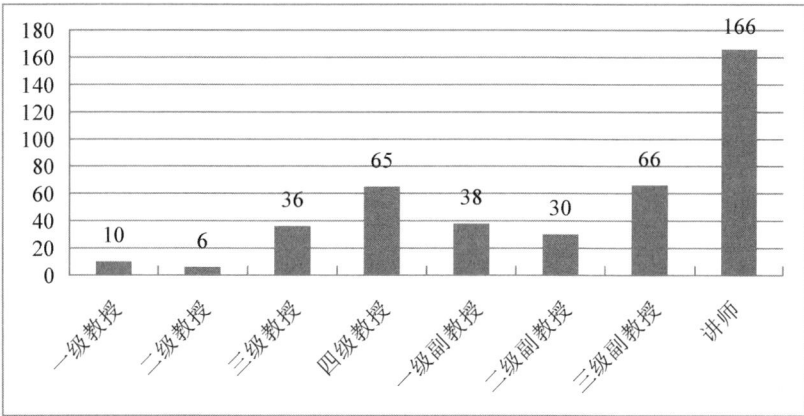

图5.2 样本职称及职称人数图

初步统计后，运用SPSS 22.0对问卷结果进行描述性统计分析。描述性分析主要是对数据进行基础性描述，用于描述变量的基本特征。描述性分析对于数据分析来说是一项基础性的工作，目的是让研究者能够熟悉数据源，把握数据的整体性分布情况。

首先，将前文所得的自然科学工作者特质类型设为C，计为C_1/C_2/C_3/…/C_{16}，问卷题目设为Q，计为Q_1/Q_2/Q_3/…/Q_{80}。本文选取平均值、最大值、最小值和标准差来观测统计数据是否符合正态分布，所得的自然科学工作者特质调查描述性统计结果如表5.3所示。

表5.3 调查样本描述性统计结果

题目	N	最小值	最大值	平均数	标准差
Q_{01}	417	1	5	3.8804	0.87603
Q_{02}	417	1	5	3.9019	0.87461
Q_{03}	417	1	5	3.9354	0.94356
Q_{04}	417	1	5	4.1842	0.88799
Q_{05}	417	1	5	3.7368	0.90701
Q_{06}	417	1	5	4.1388	0.85376
Q_{07}	417	1	5	4.0502	0.81935
Q_{08}	417	1	5	4.2799	0.72676
Q_{09}	417	1	5	4.0837	0.85392
Q_{10}	417	1	5	4.1555	0.80896
Q_{11}	417	1	5	4.2536	0.74448
Q_{12}	417	1	5	3.8828	0.96864
Q_{13}	417	1	5	3.3397	1.08374
Q_{14}	417	1	5	3.6579	0.97950
Q_{15}	417	1	5	3.3373	1.02421
Q_{16}	417	1	5	3.7823	0.80046
Q_{17}	417	1	5	3.7488	0.83195
Q_{18}	417	1	5	3.6627	0.97380
Q_{19}	417	1	5	3.5096	0.92457

题目	N	最小值	最大值	平均数	标准差
Q_{20}	417	1	5	3.9067	0.77947
Q_{21}	417	1	5	3.5120	0.95012
Q_{22}	417	1	5	3.5813	0.94923
Q_{23}	417	1	5	3.9115	0.87289
Q_{24}	417	1	5	3.8301	0.85514
Q_{25}	417	1	5	3.7201	0.88723
Q_{26}	417	1	5	4.1746	0.66110
Q_{27}	417	1	5	4.1124	0.72588
Q_{28}	417	1	5	4.0024	0.81208
Q_{29}	417	1	5	3.8110	0.82536
Q_{30}	417	1	5	3.8062	0.92825
Q_{31}	417	1	5	3.9665	0.72226
Q_{32}	417	1	5	3.8062	0.74477
Q_{33}	417	1	5	3.6244	0.93945
Q_{34}	417	1	5	3.4474	1.00041
Q_{35}	417	1	5	3.7153	0.82398
Q_{36}	417	1	5	3.8900	0.78801
Q_{37}	417	1	5	3.9928	0.84957
Q_{38}	417	1	5	4.0048	0.81354
Q_{39}	417	1	5	3.7368	0.92792
Q_{40}	417	1	5	3.8301	0.94316
Q_{41}	417	1	5	4.0120	0.74419
Q_{42}	417	1	5	4.0550	0.72591
Q_{43}	417	1	5	4.3254	0.58713
Q_{44}	417	1	5	3.5311	0.94208
Q_{45}	417	1	5	3.6340	0.97079
Q_{46}	417	1	5	3.4856	0.95261
Q_{47}	417	1	5	3.2727	0.96821
Q_{48}	417	1	5	3.7799	0.84500
Q_{49}	417	1	5	3.8230	0.83235

题目	N	最小值	最大值	平均数	标准差
Q_{50}	417	1	5	3.9665	0.74835
Q_{51}	417	1	5	4.1531	0.79597
Q_{52}	417	1	5	3.4904	1.00653
Q_{53}	417	1	5	2.6579	1.20160
Q_{54}	417	1	5	3.6268	1.12927
Q_{55}	417	1	5	3.7823	0.96110
Q_{56}	417	1	5	3.9545	0.80188
Q_{57}	417	1	5	4.1388	0.71294
Q_{58}	417	1	5	4.2775	0.67110
Q_{59}	417	1	5	3.9234	0.80994
Q_{60}	417	1	5	4.0933	0.67030
Q_{61}	417	1	5	3.4450	1.04254
Q_{62}	417	1	5	3.4306	1.09773
Q_{63}	417	1	5	2.9067	1.27639
Q_{64}	417	1	5	3.2057	1.22749
Q_{65}	417	1	5	2.3589	1.15072
Q_{66}	417	1	5	3.9880	0.77883
Q_{67}	417	1	5	4.2273	0.62981
Q_{68}	417	1	5	3.5766	0.96715
Q_{69}	417	1	5	2.4163	1.13751
Q_{70}	417	1	5	3.2177	0.99301
Q_{71}	417	1	5	3.7751	0.95317
Q_{72}	417	1	5	3.7368	0.88017
Q_{73}	417	1	5	3.7751	0.84658
Q_{74}	417	1	5	3.1914	1.09576
Q_{75}	417	1	5	3.5455	0.89982
Q_{76}	417	1	5	3.7225	0.88663
Q_{77}	417	1	5	3.8373	0.82952
Q_{78}	417	1	5	3.3469	1.06919
Q_{79}	417	1	5	4.0359	0.85166
Q_{80}	417	1	5	4.0431	0.85834

由表5.3可见，所有封闭问卷问题连续型变量的取值范围均小于5，并且每个连续型变量的平均值均大于2，标准差接近$1 < \pm 0.3$，依照合理的描述性统计检验应符合"平均值大于2且标准差接近于$1 < \pm 0.5$"[1]的原则，本章研究设计和抽样设计均为合理，通过描述性统计检验。

四、信度分析

信度分析的目的是检测结果的可靠性、一致性和稳定性，即测验结果是否反映了被测者稳定性、一致性的真实特征。Cronbach's Alpha系数是目前最常用的信度系数，属于内在一致性系数。一般认为，总量表的Cronbach's Alpha信度系数在0.5以上，表明问卷可信。另外，Hair et al.提出"当Cronbach's Alpha大于0.6，就说明数据是可靠的；在0.7以上，问卷很可信；在0.9以上，问卷属于十分可信"（Hair et al., 1998）[2]。本研究应用SPSS 22.0对所有问卷内容的信度进行检验，结果见表5.4。

表5.4 十六类特质和总量表的信度

特质类型	Cronbach's Alpha
C_1	0.936
C_2	0.936
C_3	0.936
C_4	0.933
C_5	0.934
C_6	0.935
C_7	0.933

[1] 卢宗辉. 抽样方法的系统研究 [M]. 北京：中国统计出版社，1998：236.
[2] 杨善朝. SPSS 统计软件应用基础 [M]. 桂林：广西师范大学出版社，2001.

特质类型	Cronbach's Alpha
C_8	0.932
C_9	0.933
C_{10}	0.934
C_{11}	0.936
C_{12}	0.934
C_{13}	0.939
C_{14}	0.936
C_{15}	0.937
C_{16}	0.933
总体	0.950

从表5.4可以看出，问卷各预设维度信度和总体信度均在0.9以上，说明问卷的信度十分可信。

五、效标确定及效标效度

（一）效标确定

一般来说，效标涉及的是被试在该测量工具上的表现与另一个独立存在的、可观察的相关行为特征表现之间的关联性程度。这个独立存在的、可观察的相关行为特征表现称为效标。它是独立于该测验工具并可以从实践中获得被试的行为特征表现[1]。

在心理测量中，常用的效标有学业成就、行为表现的等级评定、临床诊断、专门的训练成绩。这些效标可以是连续变量和离散变量，也可以是自然的现成指标或人为设计的指标，还可以是主观评级和客

---

[1] P. E. H. Hair. Aspects of the Prehistory of Freetown and Creoledom [J]. History in Africa, 1998, 25:111.

观测量，抑或是自我评定和他人评定[1]。

根据奥尔波特人格心理学相关理论，人格心理学中认为特质具有"人的个性特质会影响到一个人的未来成就"[2]这一特征。因此，本章将自然科学工作者的成就作为问卷调查的效标，以此来解决特质得分能否影响自然科学工作者成就的问题，以下为本研究中科学工作者成就的评判标准。

依照成就的定义，成就指的是事业上的成绩，对于自然科学工作者来说仅指自然科学工作者的研究成果。因此，本小节以年均科研成果数作为效标，由各分区论文数乘以其对应论文所在分区赋值后除以其工龄进行计算。

本研究中的论文分区依照中科院期刊分区标准。现今对于论文分区一般采用路透社JCR分区和中科院JCR分区两种，分区方式见图5.3。

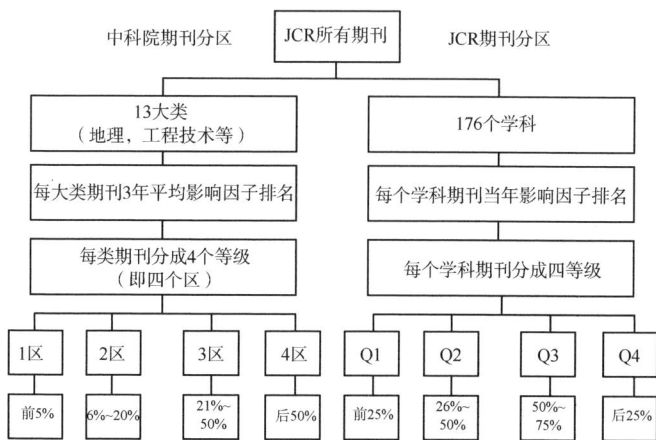

图5.3 中科院期刊分区标准和路透社JCR分区标准[3]

---

① 卢黎霞，陈云玲. 统计学原理［M］. 武汉：武汉理工大学出版社 2006：337.

② 潘玉进. 教育与心理统计：SPSS 应用［M］. 杭州：浙江大学出版社，2006：132.

③ 周晓虹. 现代社会心理学史［M］. 北京：中国人民大学出版社，1993：222.

由于本章的被试对象均为中国大陆自然科学工作者，因此采用中科院JCR的分区标准。中科院JCR期刊分区根据13个大类学科，分别将各大类期刊，依照3年平均IF值，划分为一区（最高区）、二区、三区和四区四个等级。本研究中的论文分区赋值依照其分区排名次序赋值，其中一区论文计4分，四区论文计1分，依次类推，详细见表5.5。

表5.5　论文分区标准及分区赋值

论文分区	分区规制	分区赋值
一区	3 年平均 IF 为前 5	4
二区	3 年平均 IF 为前 6~20	3
三区	3 年平均 IF 为前 21~50	2
四区	3 年平均 IF 为后 51	1

（二）效标效度

效标效度是指测验分数与效标的相关程度。相关程度中主要的观测指数是皮尔森相关系数。皮尔森相关系数也称皮尔森积矩相关系数（Pearson Product-moment Correlation Coefficient），是一种线性相关系数，是最常用的一种相关系数，记为r，用来反映两个变量X和Y的线性相关程度。r值介于−1到1之间，绝对值越大表明相关性越强。本小节运用SPSS 22.0中的双变量相关性功能对于量表总分数和年均科研成果数的相关性进行检测，结果见表5.6。

表5.6　样本职称和量表得分的相关性表

		职称	总分
职称	皮尔森（Pearson）相关	1	0.807**
	显著性（双侧）		0.000
	平方和及交叉乘积	1628.998	1340.091
	共变异	3.916	3.221
	N	417	417

从表5.6可见，皮尔森相关性系数为0.807；p值呈双侧显著（$p=0.000<0.001$），说明被测变量之间存在显著的正相关关系，即证明了自然科学工作者量表得分越高，其年均科研成果越多。另外，问卷内容能够有效的反映出自然科学工作者的特质的总体面貌。

六、探索性因子分析和验证性因子分析

（一）探索性因子分析

探索性因子分析缘起于英国的心理学家查尔斯·斯皮尔曼（Charles Spearman）在1904年提出的单一化的智能因子（A Single Intellectual Factor）。随着大量学者的深入研究，斯皮尔曼的单一智能因子理论被证明是不充分的。同时，人们认识到有必要考虑多元因子。20世纪30年代，瑞典心理学家路易斯·列昂·瑟斯顿（Louis Leon Thurstone）打破了流行的单因理论假设，大胆提出了多元因子分析理论（Multiple Factor Analysis）。瑟斯顿在他的《心智向量》（Vectors of Mind，1935）[1]一书中，阐述了多元因子分析理论的数学和逻辑基础。

在多变量统计中，探索性因子分析（EFA）是一种统计方法，用于揭示相对较大变量集的基础结构。EFA是因子分析中的一种技术，其总体目标是识别测量变量之间的基础关系。研究人员在开发量表时常常使用EFA方法识别一组测量变量的潜在结构。测量变量是可以观察和测量的人的几个属性中的任何一个。测量变量的示例可以是人的

---

[1] 王凌峰，陈松青. 基于中国科学院SCI期刊分区的科研管理量化考核标准研究[J]. 现代情报，2007，27（4）：52-55.

身高、体重和脉搏。通常，研究人员会有大量的测量变量，这些变量被认为与较少数量的"未观察到的"因素有关。

本文运用SPSS 22.0中因子分析功能对问卷所有特质相关题目进行探索性因子分析，从而得出自然科学工作者特质类型，并进一步确定自然科学博士生科研潜质评价量表的具体内容。

依照问卷调查关于自然科学工作者的《潜质问卷》的测量结果，运用SPSS 22.0主成分分析功能，共提取出五个因子。在此基础上，通过最大方差法经25次旋转后，得出了问卷的旋转因子载荷系数的累计方差和为59.75%，并依照旋转矩阵因子载荷数要求，删除旋转因子载荷数低于0.4的题目。删除的题目的具体内容见表5.7。

表5.7　被删除题目表

被删除题目题号	被删除题目
Q_3	我习惯和他人共同完成任务
Q_4	求学过程中老师对自身影响很大
Q_{15}	我常常对过去的成果表现不满
Q_{18}	我认为真理掌握在少数人手中
Q_{21}	"猜想"是未经证实的事实
Q_{22}	我对理论和抽象的观念很感兴趣
Q_{23}	我时常有"灵光一现"和"顿悟"
Q_{24}	我会依据我的感知迅速地对问题答案作出判断
Q_{25}	我会在研究时预设结论，并按照这个结论进行试验
Q_{30}	我会字斟句酌考虑论文的言辞，以致有些苛刻
Q_{33}	我常常关注社会科学和人文科学的知识
Q_{35}	我非常重视外语能力，并且有特意的进行练习
Q_{46}	某些外界刺激对我的影响较大（反向计分）

被删除题目题号	被删除题目
Q_{52}	物质是影响我生活质量的重要因素（反向计分）
Q_{54}	我的休息日（双休日、节日）常常以工作度过
Q_{55}	相对物质贫穷我更害怕精神贫穷
Q_{63}	我曾在学生期间多次获得国家或命名奖学金
Q_{64}	我曾就读于知名高校
Q_{68}	相对命令他人我更喜欢恳求别人
Q_{70}	我情绪总是稳定的，很难有事情让我情绪波动
Q_{71}	我认为相对结果而言效率更为重要
Q_{74}	我认为及时行乐是好的（反向计分）
Q_{77}	相对于研究的广度而言我更重视研究的深度
Q_{78}	我常常因为思考一个问题而失眠
Q_{79}	我常常因为某一工作牺牲自己休息时间
Q_{80}	我坚信失败是成功之母

一般情况下，因子载荷系数过低有三个原因：因子分类有误（可能造成旋转因子系数矩阵无法得出）；计算方法有误（一般采用最大方差法）；问题描述有误。在排除了"因子分类有误"和"计算方法有误"这两个原因之后，问卷部分题目旋转因子载荷系数过低的原因包含四个方面：

第一，问题描述含糊不清，如Q_{21}（"猜想"是未经证实的事实）和Q_{64}（我曾就读于知名高校），由于"猜想"和"知名高校"等概念的判断具有强烈的主观含义，这使得答题者无法进行判断，因此问题答案不具有显著性。

第二，与其他问题具有重复意义，如Q_{54}［我的休息日（双休日、节日）常常以工作度过］和Q_{79}（我常常因为某一工作牺牲自己休息时间），这类问题具有相同或相近含义，故不具有显著性。

第三，问题描述不具有代表性，如Q_{78}（我常常因为思考一个问题而失眠），此类问题只能代表较少一类人的行为，故不具有显著性。

第四，质性研究结果和量化研究结果的偏差，如Q_{21}（"猜想"是未经证实的事实）、Q_{22}（我对理论和抽象的观念很感兴趣）、Q_{23}（我时常有"灵光一现"和"顿悟"）、Q_{24}（我会依据我的感知迅速地对问题答案作出判断）和Q_{25}（我会在研究时预设结论，并按照这个结论进行试验）所代表的"直觉敏锐"特质相关问题，在旋转因子矩阵的结果中整个特质的五道题都被删除。这说明，该特质尽管在自然科学工作者的文献研究和个案研究中被描述出来，但在大样本的问卷调查中不具有代表性，此类特质可能由于词频分析的主观性原因造成了偏差。

在删除题目后，总解释方差上升为75.202%（详见表5.8）。依照主成分分析法中关于旋转因子载荷系数"大于50%勉强通过，75%结果较好，大于85%结果极好"的规定，说明自然科学博士生科研潜质评价量表能够解释75.202%的样本特质，结果较好。

表5.8　样本量表旋转因子载荷系数和累计方差表

题目	因素1	因素2	因素3	因素4	因素5
Q_{57}	0.701	–	–	–	–
Q_{67}	0.672	–	–	–	–
Q_{58}	0.657	–	–	–	–
Q_{41}	0.639	–	–	–	–
Q_{37}	0.620	–	–	–	–
Q_{66}	0.613	–	–	–	–

续表

题目	因素 1	因素 2	因素 3	因素 4	因素 5
Q_{42}	0.575	—	—	—	—
Q_{51}	0.565	—	—	—	—
Q_{43}	0.565	—	—	—	—
Q_{59}	0.548	—	—	—	—
Q_{60}	0.547	—	—	—	—
Q_{38}	0.506	—	—	—	—
Q_{40}	0.506	—	—	—	—
Q_{56}	0.499	—	—	—	—
Q_{39}	0.483	—	—	—	—
Q_{27}	0.442	—	—	—	—
Q_{16}	—	0.667	—	—	—
Q_{48}	—	0.663	—	—	—
Q_{49}	—	0.661	—	—	—
Q_{50}	—	0.656	—	—	—
Q_{76}	—	0.573	—	—	—
Q_{20}	—	0.557	—	—	—
Q_{47}	—	0.552	—	—	—
Q_{36}	—	0.543	—	—	—
Q_{28}	—	0.520	—	—	—
Q_{75}	—	0.500	—	—	—
Q_{17}	—	0.495	—	—	—
Q_{73}	—	0.428	—	—	—
Q_{19}	—	0.420	—	—	—
Q_{44}	—	0.400	—	—	—
Q_8	—	—	0.763	—	—
Q_7	—	—	0.748	—	—
Q_9	—	—	0.740	—	—

续表

题目	因素 1	因素 2	因素 3	因素 4	因素 5
Q_6	−	−	0.581	−	−
Q_{10}	−	−	0.576	−	−
Q_2	−	−	0.491	−	−
Q_1	−	−	0.461	−	−
Q_{72}	−	−	0.457	−	−
Q_5	−	−	0.417	−	−
Q_{53}	−	−	−	0.645	−
Q_{65}	−	−	−	0.604	−
Q_{61}	−	−	−	0.585	−
Q_{62}	−	−	−	0.584	−
Q_{69}	−	−	−	0.570	−
Q_{29}	−	−	−	0.555	−
Q_{34}	−	−	−	0.461	−
Q_{14}	−	−	−	−	0.702
Q_{12}	−	−	−	−	0.676
Q_{13}	−	−	−	−	0.599
Q_{31}	−	−	−	−	0.539
Q_{11}	−	−	−	−	0.532
Q_{32}	−	−	−	−	0.426
Q_{26}	−	−	−	−	0.423
累计方差	21.658	40.007	57.575	68.386	75.202

表5.8中各变量根据负荷量的大小进行了排列。旋转后的因子矩阵与旋转前的因子矩阵有明显的差异。依照上表，根据具体问题内容对五个因子进行命名，因素1至5分别命名为科研心理动力、科研思维、科研行为表现、前期表现与外界环境影响和学者型完美主义。自然科学博士生科研潜质评价量表维度分类及问题见表5.9。

表5.9 《潜质量表》维度分类及问题表

因子名称	问卷题目
科研心理动力（因素一）	Q_{27} 我愿意多次检验科研结果的准确性并乐此不疲
	Q_{37} 我认为科学研究是有趣的
	Q_{38} 兴趣是我行为的驱动力
	Q_{39} 我是志愿从事科学研究的
	Q_{40} 我最大的成就感源自科研成果的获得
	Q_{56} 我是不懂就问、不会就学的
	Q_{57} 我认为新事物是有趣的、多姿多彩的
	Q_{58} 我时常感到学得越多未知越多
	Q_{59} 我喜欢探究不了解的事物
	Q_{60} 我会对一些事物表示特别的注意
	Q_{41} 我时常阅读书籍、乐于学习
	Q_{42} 我非常重视基础学科的学习
	Q_{43} 我愿意尝试各种方式提升自身能力
	Q_{51} 我在艰苦环境中仍能保持良好的心态进行研究
	Q_{66} 我能够虚心接受他人对我科研相关内容的反对意见
	Q_{67} 尽管有时感到厌烦，但我仍愿为他人伸出援手
科研思维（因素二）	Q_{16} 我总能分辨出事物的区别
	Q_{17} 我认为分析问题是创新的第一步
	Q_{19} 对于权威的观点我能提出理性的、有创新性的观点
	Q_{20} 我总能找到问题的重点，并以此解决问题
	Q_{28} 我常常考虑周全再行动
	Q_{36} 对某个未知的领域／事物／问题我会一直探究下去
	Q_{44} 我会专门地对自己进行逻辑思维训练
	Q_{47} 我常常会因为分析某样事情忘记时间
	Q_{48} 我善于透过现象看到本质
	Q_{49} 我总能迅速地理解新事物，完成"是什么—怎么样—为什么"的思维过程
	Q_{50} 我善于将客观对象的整体分解为若干部分进行研究内向思辨
	Q_{73} 我在进行研究时按照严谨的科学步骤迅速执行
	Q_{75} 我常常有一个想法就会立刻去做，尽管有可能失败
	Q_{76} 我有"打破砂锅问到底"的精神

续表

因子名称	问卷题目
科研行为表现（因素三）	Q_1 我善于和他人沟通
	Q_2 我常常和他人交流观点
	Q_5 我常常对别人做出指导性建议
	Q_6 我会为一件事情付出长期的努力
	Q_7 别人眼中的我是有毅力的
	Q_8 我一直有完成任务的决心
	Q_9 我有顽强的意志力
	Q_{10} 我能"坐得住板凳"
	Q_{72} 因为我工作效率很高，所以我常常在团队里承担更多的任务
前期表现与外界环境影响（因素四）	Q_{26} 我认为严谨是我过去成就获得的重要因素之一
	Q_{29} 我做事一直有始有终
	Q_{53} 安静、舒适的工作环境对我并不重要
	Q_{61} 我认为担任学生职务对于内在能力有巨大的提升作用
	Q_{62} 学生时期我一直是一个成绩优异的学生
	Q_{65} 我为学生时期我曾因重大科技突破获得过其他组织/个人表彰感到自豪
	Q_{69} 如果外界或他人不受我的控制会让我感到不安（反向计分）
学者型完美主义相关（因素五）	Q_{11} 我愿意坚持为社会进步做出贡献
	Q_{12} 完美是我毕生追求的目标
	Q_{13} 我习惯用好坏来区分事物
	Q_{14} 我常常用极高的道德标准约束自己
	Q_{31} 我准确了解我所涉猎专业内的知识
	Q_{32} 我愿意了解学科大类内其他相关专业知识
	Q_{34} 我常常阅读其他学科的文献

在此，依据上文研究，将科研心理动力、科研思维、科研行为表现、前期表现与外界环境影响和学者型完美主义相关五个因素设为一级指标。为将一级指标进一步细化，采用与上文研究相同步骤对每个

一级指标进行探索性因子分析，将结果分类、命名后得出每个一级指标下的二级指标。具体一级指标、二级指标及其所对应的问题见表5.10。

表5.10　《潜质量表》一级指标、二级指标和问题表

一级指标	二级指标	问卷题目
科研心理动力	兴趣	Q_{27} 我愿意多次检验科研结果的准确性并乐此不疲
		Q_{37} 我认为科学研究是有趣的
		Q_{38} 兴趣是我行为的驱动力
		Q_{39} 我是志愿从事科学研究的
		Q_{40} 我最大的成就感源自科研成果的获得
		Q_{41} 我时常阅读书籍、乐于学习
		Q_{42} 我非常重视基础学科的学习
		Q_{56} 我是不懂就问、不会就学的
	好奇	Q_{43} 我愿意尝试各种方式提升自身能力
		Q_{57} 我认为新事物是有趣的、多姿多彩的
		Q_{58} 我时常感到学得越多未知越多
		Q_{59} 我喜欢探究不了解的事物
		Q_{60} 我会对一些事物表示特别的注意
	心理素质	Q_{51} 我在艰苦环境中仍能保持良好的心态进行研究
		Q_{66} 我能够虚心接受他人对我科研相关内容的反对意见
		Q_{67} 尽管有时感到厌烦，但我仍愿为他人伸出援手
科研思维	分析能力	Q_{16} 我总能分辨出事物的区别
		Q_{17} 我认为分析问题是创新的第一步
		Q_{19} 对于权威的观点我能提出理性的、有创新性的观点
		Q_{20} 我能够找到问题的重点并以此进行研究
		Q_{48} 我善于透过现象看到本质
		Q_{49} 我总能迅速地理解新事物，完成"是什么—怎么样—为什么"的思维过程
		Q_{50} 我善于将客观对象的整体分解为若干部分进行研究内向思辨

续表

一级指标	二级指标	问卷题目
科研思维	探索精神	Q_{36} 对某个未知的领域／事物／问题我会一直探究下去
		Q_{73} 我在进行研究时按照严谨的科学步骤迅速执行
		Q_{75} 我常常有一个想法就会立刻去做，尽管有可能失败
		Q_{76} 我有"打破砂锅问到底"的精神
	理性思维	Q_{28} 我常常考虑周全再行动
		Q_{44} 我会专门地对自己进行逻辑思维训练
		Q_{47} 我常常会因为分析某样事情忘记时间
科研行为表现	恒心	Q_6 我会为一件事情付出长期的努力
		Q_7 别人眼中的我是有毅力的
		Q_8 我一直有完成任务的决心
		Q_9 我有顽强的意志力
		Q_{10} 我能"坐得住板凳"
	合作沟通	Q_1 我善于和他人沟通
		Q_2 我常常和他人交流观点
		Q_5 我常常对别人做出指导性建议
		Q_{72} 因为我工作效率很高，所以我常常在团队里承担更多的任务
前期表现和外界环境影响	前期表现	Q_{26} 我认为严谨是我过去成就获得的重要因素之一
		Q_{29} 我做事一直有始有终
		Q_{61} 我认为担任学生职务对于内在能力有巨大的提升作用
		Q_{62} 学生时期我一直是一个成绩优异的学生
	外界环境	Q_{53} 安静、舒适的工作环境对我并不重要
		Q_{65} 我为学生时期我曾因重大科技突破获得过其他组织／个人表彰感到自豪
		Q_{69} 如果外界或他人不受我的控制会让我感到不安(反向计分)
学者型完美主义	完美主义	Q_{12} 完美是我毕生追求的目标
		Q_{13} 我习惯用好坏来区分事物
		Q_{14} 我常常用极高的道德标准约束自己
		Q_{11} 我愿意坚持为社会进步做出贡献
	知识储备	Q_{31} 我准确了解我所涉猎专业内的知识
		Q_{32} 我愿意了解学科大类内其他相关专业知识
		Q_{34} 我常常阅读其他学科的文献

（二）验证性因子分析

统计学中，验证性因子分析（CFA）是一种特殊形式的因子分析，经常用于社会研究。它用于测试因子的测量结果是否与研究者对该因子性质的理解一致。因此，验证性因子分析的目的是测试数据是否符合假设的测量模型。CFA最初由Jöreskog开发，并且已经建立并取代了分析结构有效性的旧方法，例如坎贝尔（Campbell）&费斯克（Fiske）描述的MTMM矩阵（Campbell&Fiske，1959）[①]。

验证性因子分析一般由研究者首先提出一个假设，即他们认为哪些因素是所使用指标的基础并且可能对模型施加约束。然后，基于这些先验假设，通过约束迫使模型与他们的理论保持一致。如果研究者对模型施加的约束规则与样本数据不一致，则模型拟合的统计检验结果将表明拟合较差，并且模型将被拒绝。拟合较差可能是由于某些项目测量了多个因素，或某个因素中的某些项目彼此之间的关系更为密切。

本小节运用Mplus 6.0软件进行一级指标的验证性因子分析，并通过SPSS AMOS 22.0软件进行二级指标的模型拟合和验证性因子分析。

1. 一级指标的验证性因子分析

验证性因子分析，是考查问卷中各个因子之间相关关系的统计分

---

① Thurstone L L. Multiple-factor analysis; a development and expansion of The Vectors of Mind [M] .Multiple-factor analysis : a development and expansion of The vectors of mind. 1947: 81-105.

析方法，其目的在于验证问卷中各个题目与维度（因子）的从属关系是否正确。验证性因子分析的最终结果一般被称为结构效度或构念效度。结构效度是社会行为科学测量中相对重要的指标，是指测量工具反映概念和命题的内部结构的程度[①]。

　　本小节选用结构效度来分析问卷中各问题与其所在的一级指标之间的关系，从而检验问卷理论上应当相关的变量是否呈现高相关性。本研究运用Mplus 6.0进行验证性因子分析，通过最大似然估计方法（MLR）对各分问卷进行结构效度检验。其中，主要检验指标包括卡方（χ^2）、卡方与自由度的比值（$\chi^2/\delta\phi$）、近似误差均方根（RMSEA）、不规范拟合指数（TLI）、比较拟合指标（CFI）和标准化残差均方根（SRMR）。验证性因子分析的整体拟合度指标如表5.11所示，其语法程序见附录B。

表5.11　《潜质问卷》因子模型拟合度

五因子拟合结果						
χ^2	df	$\chi^2/\delta\phi$	CFI	TLI	RMSEA	SRMR
20956.830	4240	4.942	0.979	0.970	0.065	0.043

　　由表5.11可见，问卷五因子模型的卡方值（χ^2）为20956.830，自由度值（df）为4240，卡方与自由度的比值（$\chi^2/\delta\phi$）为4.942，小于5。一般认为卡方与df值比率小于5时，表示量表能够真实地反映观察资料，说明因子模型拟合较好。因此，本研究的问卷各维度结构

---

① D T CAMPBELL, D W FISKE. Convergent and Discriminant Validation by the Multitrait-Multimethod Matrix [J]. Psychological Bulletin, 1959, 56（2）:81-105.

较好。

近似误差的均方根值（RMSEA）等于或小于0.05，表示"良好拟合"；0.05到0.08可以视为是"算是不错的拟合"；0.08到0.10之间则是"中度拟合"；大于0.10表示"不良拟合"。本研究中RMSEA等于0.061，可以说是不错的模型拟合。

因子模型的不规范拟合指数（TLI）和比较拟合指标（CFI）分别等于0.970和0.979。一般认为，这两个指数大于0.90为良好拟合。本研究问卷模型的CFI、TLI均大于0.90，从这两个参数来看，该模型拟合良好。

标准化残差均方根（SRMR）为0.043，小于判断值0.08，表明模型整体的残差很小，拟合很好。

总体来看，量表与数据整体拟合各项指标都达到了很好的标准，说明问卷具有很好的结构效度，有效地完成了测量我国自然科学工作者特质，即自然科学博士生应有科研潜质的任务。

各观测指标的因子载荷系数，是反映观测变量与其所属潜变量之间关系的重要指标，用于表示观测变量与潜变量之间的相对重要程度，一般来说，一项观测指标的因子载荷系数越大，说明其与所属潜变量即结构变量的关系越密切。

因此，对各结构变量进行结构效度检验，检验结果见表5.12。

表5.12　一级指标的构念效度表

因子（命名后名称）	问卷题目	因子载荷系数	p 值
科研心理动力	Q_{27} 我愿意多次检验科研结果的准确性并乐此不疲	0.442	0.000
	Q_{37} 我认为科学研究是有趣的	0.620	0.000
	Q_{38} 兴趣是我行为的驱动力	0.506	0.000
	Q_{39} 我是志愿从事科学研究的	0.483	0.000
	Q_{40} 我最大的成就感源自科研成果的获得	0.506	0.000
	Q_{56} 我是不懂就问、不会就学的	0.499	0.000
	Q_{57} 我认为新事物是有趣的、多姿多彩的	0.701	0.000
	Q_{58} 我时常感到学得越多未知越多	0.657	0.000
	Q_{59} 我喜欢探究不了解的事物	0.548	0.000
	Q_{60} 我会对一些事物表示特别的注意	0.547	0.000
	Q_{41} 我时常阅读书籍、乐于学习	0.639	0.000
	Q_{42} 我非常重视基础学科的学习	0.575	0.000
	Q_{43} 我愿意尝试各种方式提升自身能力	0.565	0.000
	Q_{51} 我在艰苦环境中仍能保持良好的心态进行研究	0.565	0.000
	Q_{66} 我能够虚心接受他人对我科研相关内容的反对意见	0.613	0.000
	Q_{67} 尽管有时感到厌烦，但我仍愿为他人伸出援手	0.620	0.000
科研思维	Q_{16} 我总能分辨出事物的区别	0.667	0.000
	Q_{20} 我能够找到问题的重点并以此进行研究	0.557	0.000
	Q_{17} 我认为分析问题是创新的第一步	0.495	0.000
	Q_{19} 对于权威的观点我能提出理性的、有创新性的观点	0.420	0.000
	Q_{28} 我常常考虑周全再行动	0.520	0.000
	Q_{36} 对某个未知的领域/事物/问题我会一直探究下去	0.543	0.000
	Q_{44} 我会专门地对自己进行逻辑思维训练	0.400	0.000
	Q_{47} 我常常会因为分析某样事情忘记时间	0.552	0.000

因子 （命名后 名称）	问卷题目	因子载 荷系数	p 值
科研思维	Q_{48} 我善于透过现象看到本质	0.663	0.000
	Q_{49} 我总能迅速的理解新事物，完成"是什么—怎么样—为什么"的思维过程	0.661	0.000
	Q_{50} 我善于将客观对象的整体分解为若干部分进行研究内向思辨	0.656	0.000
	Q_{73} 我在进行研究时按照严谨的科学步骤迅速执行	0.428	0.000
	Q_{75} 我常常有一个想法就会立刻去做，尽管有可能失败	0.500	0.000
	Q_{76} 我有"打破砂锅问到底"的精神	0.573	0.000
科研行为表现	Q_1 我善于和他人沟通	0.461	0.000
	Q_2 我常常和他人交流观点	0.491	0.000
	Q_5 我常常对别人做出指导性建议	0.417	0.000
	Q_6 我会为一件事情付出长期的努力	0.581	0.000
	Q_7 别人眼中的我是有毅力的	0.748	0.000
	Q_8 我一直有完成任务的决心	0.763	0.000
	Q_9 我有顽强的意志力	0.740	0.000
	Q_{10} 我能"坐得住板凳"	0.576	0.000
	Q_{72} 因为我工作效率很高，所以我常常在团队里承担更多的任务	0.457	0.000
前期表现与外界环境影响	Q_{26} 我认为严谨是我过去成就获得的重要因素之一	0.461	0.000
	Q_{29} 我做事一直有始有终	0.555	0.000
	Q_{53} 安静、舒适的工作环境对我并不重要	0.645	0.000
	Q_{61} 我认为担任学生职务对于内在能力有巨大的提升作用	0.585	0.000
	Q_{62} 学生时期我一直是一个成绩优异的学生	0.584	0.000
	Q_{65} 我为学生时期我曾因重大科技突破获得过其他组织/个人表彰感到自豪	0.604	0.000
	Q_{69} 如果外界或他人不受我的控制会让我感到不安（反向计分）	0.570	0.000

续表

因子 （命名后 名称）	问卷题目	因子载荷系数	p 值
学者型完美主义	Q$_{12}$ 完美是我毕生追求的目标	0.676	0.000
	Q$_{13}$ 我习惯用好坏来区分事物	0.599	0.000
	Q$_{14}$ 我常常用极高的道德标准约束自己	0.702	0.000
	Q$_{11}$ 我愿意坚持为社会进步做出贡献	0.532	0.000
	Q$_{31}$ 我准确了解我所涉猎专业内的知识	0.539	0.000
	Q$_{34}$ 我常常阅读其他学科的文献	0.423	0.000
	Q$_{32}$ 我愿意了解学科大类内其他相关专业知识	0.426	0.000

从表5.12可以看出，科研心理动力、科研思维、科研行为表现、前期表现与外界环境影响和学者型完美主义相关5个一级指标均能被其对应的观测变量很好地阐释出来，所对应的因子载荷标准化系数均大于0.4且大多数大于0.5，具有显著水平，且所有问题的p值均小于0.001，表明具有显著的统计水平。总体来讲，问卷各部分均能很好地反映主题。

2. 二级指标的验证性因子分析

为检验一级指标的关系及一级指标、二级指标之间的关系，本小节运用SPSS AMOS 22.0软件的相关功能进行计算。待验证的一级指标和二级指标的关系如图5.4所示。其中，圆形A代表潜在变量即一级指标的得分，矩形F代表观测变量即二级指标的得分，直线箭头代表因果关系，弧线箭头代表相关关系。

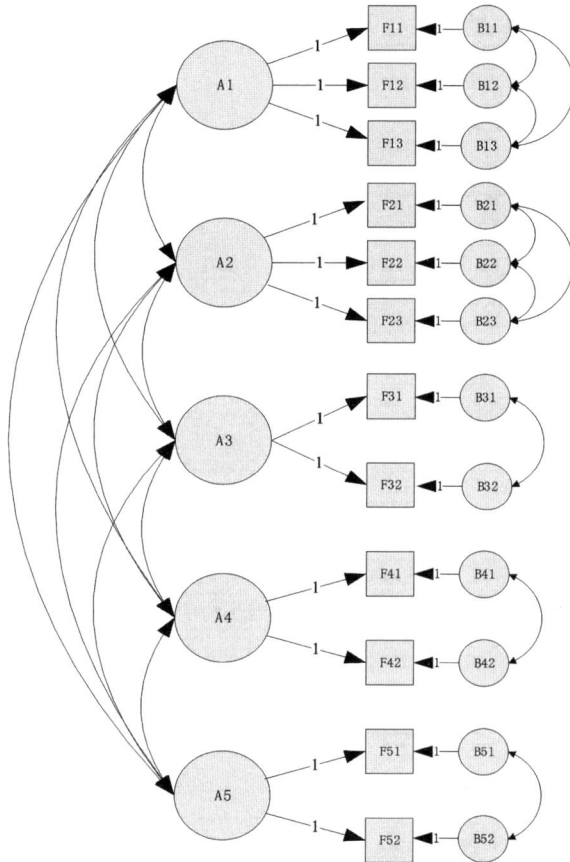

图5.4 待验证一级指标二级指标关系图

将模型输入SPSS AMOS 22.0发现，各二级指标之间的相关关系无法识别，说明各二级指标相互独立没有相关性。将相关关系删除后，得出一级指标和二级指标的相关关系表格，如表5.13所示。其中，C.R.值是参数估计值与其标准差之比，其统计检验相伴概率p值应小于0.01，表中各统计量的p值均小于0.01，表示模型的建立具有统计学意义。同时在测量模型中，5个潜在变量解释其对应的12个测量变量（特质相关问题的得分）可以看作12个一元线性回归方程，每个回归方程都会对应一个R^2值（线性回归模型拟合度指标），该值为标准化回归系数的平方，R^2值均大于0.05，说明一级指标和二级指标之间具有因果关系且具有统计学意义。

表5.13　一级指标和二级指标路径关系表

二级指标对一级指标	路径系数	C.R.	p	R^2
$F_{11}<---A_1$	0.742	20.667	0.000	0.09
$F_{12}<---A_1$	0.800	20.045	0.000	0.07
$F_{13}<---A_1$	0.876	15.577	0.000	0.06
$F_{21}<---A_2$	0.798	20.778	0.000	0.08
$F_{22}<---A_2$	0.800	20.646	0.000	0.08
$F_{23}<---A_2$	0.875	18.258	0.000	0.07
$F_{31}<---A_3$	0.985	20.847	0.000	0.06
$F_{32}<---A_3$	0.940	18.712	0.000	0.06
$F_{41}<---A_4$	0.990	20.472	0.000	0.07
$F_{42}<---A_4$	0.913	14.956	0.000	0.08
$F_{51}<---A_5$	0.954	20.426	0.000	0.09
$F_{52}<---A_5$	0.777	13.753	0.000	0.07

依此过程得出一级指标之间关系，详见表5.14。其中相关系数均小于0.5，p值均小于0.01，R^2值均大于或等于0.05，说明一级指标之间具有较低的线性相关关系，最终模型见图5.5。

表5.14　一级指标之间相关关系表

一级指标之间	相关系数	C.R.	p	R^2
$A4<-->A5$	0.381	8.572	0.00	0.09
$A3<-->A5$	0.487	8.493	0.00	0.05
$A2<-->A5$	0.368	9.056	0.00	0.06
$A1<-->A5$	0.344	8.893	0.00	0.08
$A1<-->A2$	0.479	11.846	0.00	0.08
$A2<-->A3$	0.465	10.965	0.00	0.07
$A3<-->A4$	0.498	9.615	0.00	0.07
$A2<-->A4$	0.360	10.292	0.00	0.08
$A1<-->A3$	0.402	11.061	0.00	0.05
$A1<-->A4$	0.487	10.715	0.00	0.05

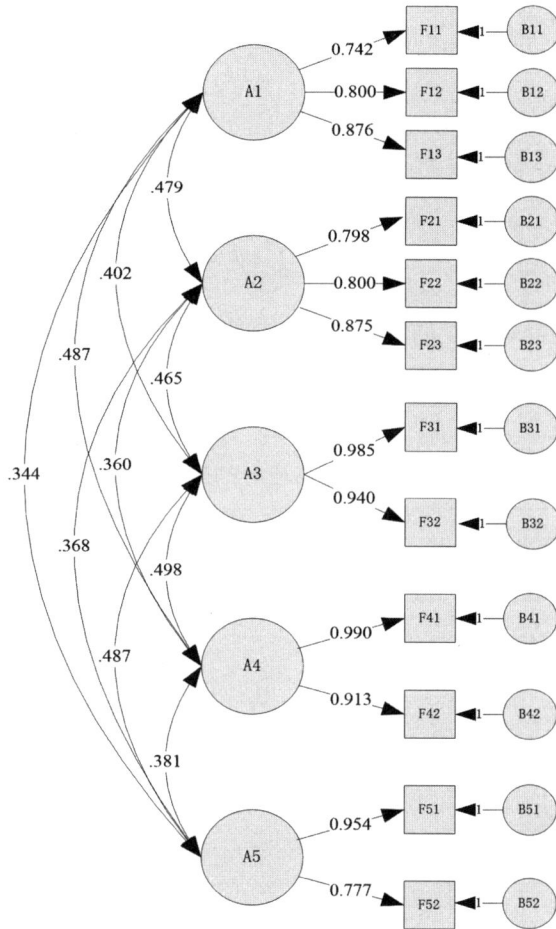

图5.5 一级二级指标关系和路径关系模型图

七、《自然科学博士生潜质评价量表》权重及分数计算公式的确定

（一）《潜质量表》权重的确定

一般情况下，权重的计算依据各主成分变异的贡献度与总累计解释贡献率之比确定。因此，在KMO检验结果良好的前提下，依照

探索性因子分析得出的一级指标各成分解释贡献度，五个一级指标 F_1、F_2、F_3、F_4、F_5 的权重计算过程如下：

设一级指标 F_i 的权重为 W_i，旋转平方和载入的变异值为 A_i，旋转平方和载入的总体累加值为 B，权重 W_i 为：

$$W_i = \frac{A_i}{B}, \quad \sum_{i=1}^{n} W_i = 1,$$

依照表5.15中对应的具体数据进行计算，解得 $W_1 = 0.29$，$W_2 = 0.24$，$W_3 = 0.23$，$W_4 = 0.14$，$W_5 = 0.10$。

表5.15　一级指标各成分的解释贡献程度

要素	起始特征值			撷取平方和载入			旋转平方和载入		
	总计	变异的	累加	总计	变异的	累加	总计	变异的	累加
F_1	18.901	44.652	44.652	18.901	44.652	44.652	8.030	21.658	21.658
F_2	2.900	18.472	63.124	2.900	18.472	63.124	6.796	18.349	40.007
F_3	2.579	4.867	68.596	2.579	4.867	68.596	6.730	18.123	57.575
F_4	1.819	3.431	72.027	1.819	3.431	72.027	3.603	9.701	68.386
F_5	1.683	3.175	75.202	1.683	3.175	75.202	2.723	7.370	75.202

同理，二级指标权重，依据各二级指标在其一级指标中的解释贡献度计算各二级指标在其一级指标中所占的权重（解释贡献度见表5.16）。设一级指标 F_i 的二级指标 f_{ij} 的权重为 w_{ij}，参照一级指标权重的计算过程，依照表5.17中对应的具体数据进行计算，解得 $w_{11} = 0.39$，$w_{12} = 0.37$，$w_{13} = 0.24$，$w_{21} = 0.43$，$w_{22} = 0.31$，$w_{23} = 0.26$，$w_{31} = 0.53$，$w_{32} = 0.47$，$w_{41} = 0.59$，$w_{42} = 0.41$，$w_{51} = 0.64$，$w_{52} = 0.36$。

表5.16 二级指标旋转载荷系数表

一级指标	二级指标	起始特征值			撷取平方和载入			旋转平方和载入		
		总计	变异的 %	累加 %	总计	变异的 %	累加 %	总计	变异的 %	累加 %
F_1	f_{11}	7.058	47.051	47.051	7.058	47.051	47.051	3.603	24.022	24.022
	f_{12}	1.286	8.571	55.621	1.286	8.571	55.621	3.464	23.096	47.118
	f_{13}	1.009	6.730	62.351	1.009	6.730	62.351	2.285	15.234	62.351
F_2	f_{21}	5.933	49.443	49.443	5.933	49.443	49.443	3.258	27.153	27.153
	f_{22}	0.822	6.846	56.289	0.822	6.846	56.289	2.361	19.675	46.828
	f_{23}	0.802	6.680	62.969	0.802	6.680	62.969	1.937	16.141	62.969
F_3	f_{31}	6.677	47.690	47.690	6.677	47.690	47.690	4.184	29.888	29.888
	f_{32}	1.253	8.950	56.640	1.253	8.950	56.640	3.745	26.752	56.085
F_4	f_{41}	2.348	39.127	39.127	2.348	39.127	39.127	1.976	32.927	33.482
	f_{42}	1.084	18.075	57.202	1.084	18.075	57.202	1.457	24.275	57.202
F_5	f_{51}	2.015	50.380	50.380	2.015	50.380	50.380	1.892	47.289	47.289
	f_{52}	0.944	23.606	73.986	0.944	23.606	73.986	1.068	26.696	73.986

（二）《潜质量表》内容及分数计算公式的确定

在前文的研究中首先通过信度分析验证了发放于自然科学工作者群体中的自然科学博士生潜质量表测验的有效性；其次，通过效标的确立和效标效度的检验，验证了效标确立的准确性，证明了自然科学工作者的特质和自然科学工作者成就间的关系呈线性正相关；再次，运用验证性因子分析删除不准确、不恰当的题项，得出5个一级指标和12个二级指标，并依照旋转因子载荷系数表格得出了一、二级指标的权重；最后，验证性因子分析发现二级指标和一级指标之间具有因果关系，一级指标之间具有线性相关关系。综上所述，基于自然科学工作者特质分析的自然科学博士生潜质评价量表设计完成，量表内容见表5.17。

表5.17 自然科学学科的博士生潜质评价量表

一级指标	二级指标	问卷题目
F_1（科研心理动力）	f_{11}（兴趣）	Q_1 我愿意多次检验科研结果的准确性并乐此不疲
		Q_2 我认为科学研究是有趣的
		Q_3 兴趣是我行为的驱动力
		Q_4 我是志愿从事科学研究的
		Q_5 我最大的成就感源自科研成果的获得
		Q_6 我时常阅读书籍、乐于学习
		Q_7 我非常重视基础学科的学习
		Q_8 我是不懂就问、不会就学的
	f_{12}（好奇心强）	Q_9 我愿意尝试各种方式提升自身能力
		Q_{10} 我认为新事物是有趣的、多姿多彩的
		Q_{11} 我时常感到学得越多未知越多
		Q_{12} 我喜欢探究不了解的事物
		Q_{13} 我会对一些事物表示特别的注意
	f_{13}（心理素质）	Q_{14} 我在艰苦环境中仍能保持良好的心态进行研究
		Q_{15} 我能够虚心接受他人对我科研相关内容的反对意见
		Q_{16} 尽管有时感到厌烦，但我仍愿为他人伸出援手
F_2（科研思维）	f_{21}（分析能力）	Q_{17} 我总能分辨出事物的区别
		Q_{18} 我认为分析问题是创新的第一步
		Q_{19} 对于权威的观点我能提出理性的、有创新性的观点
		Q_{20} 我善于透过现象看到本质
		Q_{21} 我总能迅速地理解新事物，完成"是什么—怎么样—为什么"的思维过程
		Q_{22} 我善于将客观对象的整体分解为若干部分进行研究内向思辨
		Q_{23} 我能够找到问题的重点并以此进行研究
	f_{22}（探索精神）	Q_{24} 对某个未知的领域/事物/问题我会一直探究下去
		Q_{25} 我在进行研究时按照严谨的科学步骤迅速执行
		Q_{26} 我常常有一个想法就会立刻去做，尽管有可能失败
		Q_{27} 我有"打破砂锅问到底"的精神
	f_{23}（理性思维）	Q_{28} 我常常考虑周全再行动
		Q_{29} 我会专门地对自己进行逻辑思维训练
		Q_{30} 我常常会因为分析某样事情忘记时间

一级指标	二级指标	问卷题目
F_3（科研行为表现）	f_{31}（恒心）	Q_{31} 我会为一件事情付出长期的努力
		Q_{32} 别人眼中的我是有毅力的
		Q_{33} 我一直有完成任务的决心
		Q_{34} 我有顽强的意志力
		Q_{35} 我能"坐得住板凳"
	f_{32}（合作沟通）	Q_{36} 我善于和他人沟通
		Q_{37} 我常常和他人交流观点
		Q_{38} 我常常对别人做出指导性建议
		Q_{39} 因为我工作效率很高，所以我常常在团队里承担更多的任务
F_4（前期表现与外界环境影响）	f_{41}（前期表现）	Q_{40} 我认为严谨是我过去成就获得的重要因素之一
		Q_{41} 我做事一直有始有终
		Q_{42} 我认为担任学生职务对于内在能力有巨大的提升作用
		Q_{43} 学生时期我一直是一个成绩优异的学生
	f_{42}（外界环境影响）	Q_{44} 安静、舒适的工作环境对我并不重要
		Q_{45} 学生时期我曾因重大科学／技术突破获得过其他组织／个人表彰
		Q_{46} 如果外界或他人不受我的控制会让我感到不安（反向计分）
F_5（学者型完美主义）	f_{51}（完美主义）	Q_{47} 完美是我毕生追求的目标
		Q_{48} 我习惯用好坏来区分事物
		Q_{49} 我常常用极高的道德标准约束自己
		Q_{50} 我愿意坚持为社会进步做出贡献
	f_{52}（知识储备）	Q_{51} 我准确了解我所涉猎专业内的知识
		Q_{52} 我常常阅读其他学科的文献
		Q_{53} 我愿意了解学科大类内其他相关专业知识

依照前文研究结果，设量表特质总分为 T，一级指标 F_i 得分为 S_i，二级指标 f_{ij} 的得分 s_{ij}，具体题目得分为 q_m（其中 m 为题号），一级指标权重设为 W_i，二级指标权重设为 w_{ij}，量表总分和各级指标的计算公式如下：

量表总分T的计算公式为：

$$T=\sum_{i=1}^{5}W_iS_i \tag{5.1}$$

一级指标得分S_i的计算公式为：

$$S_1=w_{11}s_{11}+w_{12}s_{12}+w_{13} \tag{5.2}$$

$$S_2=w_{21}s_{21}+w_{22}s_{22}+w_{23}s_{23} \tag{5.3}$$

$$S_3=w_{31}s_{31}+w_{32}s_{32} \tag{5.4}$$

$$S_4=w_{41}s_{41}+w_{42}s_{42} \tag{5.5}$$

$$S_5=w_{51}s_{51}+w_{52}s_{52} \tag{5.6}$$

二级指标得分s_{ij}的计算公式为：

$$s_{11}=q_1+q_2+q_3+q_4+q_5+q_6+q_7+q_8 \tag{5.7}$$

$$s_{12}=q_9+q_{10}+q_{11}+q_{12}+q_{13} \tag{5.8}$$

$$s_{13}=q_{14}+q_{15}+q_{16} \tag{5.9}$$

$$s_{21}=q_{17}+q_{18}+q_{19}+q_{20}+q_{21}+q_{22}+q_{23} \tag{5.10}$$

$$s_{22}=q_{24}+q_{25}+q_{26}+q_{27} \tag{5.11}$$

$$s_{23}=q_{28}+q_{29}+q_{30} \tag{5.12}$$

$$s_{31}=q_{31}+q_{32}+q_{33}+q_{34}+q_{35} \tag{5.13}$$

$$s_{32}=q_{36}+q_{37}+q_{38}+q_{39} \tag{5.14}$$

$$s_{41}=q_{40}+q_{41}+q_{42}+q_{43} \tag{5.15}$$

$$s_{42}=q_{44}+q_{45}+q_{46} \tag{5.16}$$

$$s_{51}=q_{47}+q_{48}+q_{49}+q_{50} \tag{5.17}$$

$$s_{52}=q_{51}+q_{52}+q_{53} \tag{5.18}$$

八、《自然科学博士生潜质评价指标体系》的确立

确定了《潜质量表》后，本小节依照上文研究结果构建《自然科学博士生潜质评价指标体系》（简称《潜质体系》）。参照相关文献，分析型指标体系应包括一级指标及其权重、二级指标及其权重、量表内容、分数计算公式和评价标准①。

基于上文研究结果，《潜质体系》包括五个一级指标，十二个二级指标，其中五个一级指标为科研心理动力、科研思维、科研行为表现、前期表现与外界环境影响、学者型完美主义。十二个二级指标为兴趣、好奇心强、心理素质、分析能力、探索精神、理性思维、恒心、合作沟通、前期表现、外界环境影响、完美主义、知识储备。一级指标、二级指标及一、二级指标权重见表5.18。

表5.18 《潜质体系》一级指标、二级指标及一、二级指标权重

一级指标	一级指标权重	二级指标	二级指标权重
科研心理动力	0.29	兴趣	0.39
		好奇心强	0.37
		心理素质	0.24
科研思维	0.24	分析能力	0.43
		探索精神	0.31
		理性思维	0.26
科研行为表现	0.23	恒心	0.53
		合作沟通	0.47
前期表现与外界环境影响	0.14	前期表现	0.59
		外界环境影响	0.41
学者型完美主义	0.10	完美主义	0.64
		知识储备	0.36

① 王正华. 信息化教学中评价量规的设计与应用［J］. 教学与管理，2016，No.664（15）：119-121.

依照指标体系一级指标和二级指标的具体内容，量表共包括53道自然科学博士生潜质评价问题，各一级指标和二级指标所包含问题详见上文表5.17。

每道潜质评价问题，设计"非常不符合""不符合""不能确定""符合""非常符合"五个选项，其中"非常不符合"计1分，"不符合"计2分，"不能确定"计3分，"符合"计4分，"非常符合"计5分。

量表总分及各级指标的计算公式，见前文式（5.1）至式（5.18）。其中，设量表特质总分为T，一级指标F_i得分为S_i，二级指标f_{ij}得分为s_{ij}，具体题目得分为q_m（其中m为题号），一级指标权重设为W_i，二级指标权重设为w_{ij}。根据分数计算公式——式（5.1）至式（5.17）得出《潜质量表》的满分为23.4925分。

《潜质体系》的评判标准，应当根据实施场景不同采用不同评判标准。在招生过程中，参照博士研究生考试"择优录取"的原则，一般可依照博士生考生潜质评价问卷得分的高低进行录取，但当招生单位遇到"偏才、怪才"时，可以参照考官组（导师组）的意见"破格"录取。在培养过程中，参照"博士生应当具有各方面科研潜质"的要求，自然科学博士生应当在学习过程中逐渐培养自身科研潜质。因此，本指标体系应用于培养环节的问卷最低合格分数（所有选项均为"符合"）为18.794分。

综上所述，《潜质体系》的一级指标及其权重、二级指标及其权重、量表内容、分数计算公式和评价标准确立。就此，《自然科学博士生潜质评价指标体系》编制完成。

九、本章小节

本章为确定自然科学博士生潜质，在自然科学家16种特质的基础上设计了包括80道特质测试和10道自然信息问题，用于测量自然科学工作者特质，即自然科学博士生潜质的《潜质问卷》，发放给高校和科研院所的自然科学工作者，共收回有效问卷417份。在进行信度分析、效标效度分析、探索性因子分析和验证性因子分析后发现，自然科学工作者的科研特质呈二阶五因子结构，并依据自然科学家特质，得出了包含53道问题的自然科学博士生潜质调查问卷，在此基础上，得出问卷的五个一级指标和十二个二级指标、各指标权重和分数计算公式，最终确立了《自然科学博士生潜质评价指标体系》，但《自然科学博士生潜质评价指标体系》在自然科学博士生群体中的科学性、适用性仍值得商榷，需要进一步研究进行检验。

第六章 《自然科学博士生潜质评价指标体系》的检验

一、检验取样

（一）取样方法和统计工具

为检验基于自然科学家特质分析的《自然科学博士生潜质评价指标体系》（简称《潜质体系》）在博士生群体中的适用性和准确性，将量表发放至在读自然科学博士生群体中进行测验。笔者采用方便取样的方法，共发放问卷1500份，通过SPSS 22.0进行重复个案、异常个案分析，得到有效问卷1446份，具体问卷见附录C。

（二）样本描述

样本所处学科及年级分布，如表6.1所示。从样本所处年级来看，博士一年级156人，博士二年级143人，博士三年级154人，博士四年级722人，博士四年级以上（不包括博士四年级）271人。从样本所处学科来看，样本来源于47个学科。样本数量排名前两位的是矿物加工工程和材料加工工程专业。

表6.1 样本博士生所在学科和年级

所在学科	所在年级	人数	合计
理科	博士一年级	108	1066
	博士二年级	102	
	博士三年级	106	
	博士四年级	545	
	博士四年级以上	205	
工科	博士一年级	41	318
	博士二年级	35	
	博士三年级	39	
	博士四年级	148	
	博士四年级以上	55	
医学	博士一年级	7	62
	博士二年级	6	
	博士三年级	9	
	博士四年级	29	
	博士四年级以上	11	

二、质量分析

（一）信度分析

各观测指标的因子载荷系数，是反映观测变量与其所属潜变量之间关系的重要指标，用于表示观测变量与潜变量之间的相对重要程度。一般来说，一项观测指标的因子载荷系数越大，说明其与所属潜变量即结构变量的关系越密切。在此，笔者通过Cronbach's Alpha系数来检验自然科学博士生潜质评价量表的一致性。自然科学博士生潜质评价量表的信度分析结果见表6.2。

表6.2 《潜质量表》的信度分析结果

问卷题目	Cronbach α 系数
Q_1 我愿意多次检验科研结果的准确性并乐此不疲	0.965
Q_2 我认为科学研究是有趣的	0.964
Q_3 兴趣是我行为的驱动力	0.964
Q_4 我是志愿从事科学研究的	0.964
Q_5 我最大的成就感源自科研成果的获得	0.964
Q_6 我时常阅读书籍、乐于学习	0.964
Q_7 我非常重视基础学科的学习	0.964
Q_8 我是不懂就问、不会就学的	0.964
Q_9 我愿意尝试各种方式提升自身能力	0.965
Q_{10} 我认为新事物是有趣的、多姿多彩的	0.964
Q_{11} 我时常感到学得越多未知越多	0.965
Q_{12} 我喜欢探究不了解的事物	0.964
Q_{13} 我会对一些事物表示特别的注意	0.964
Q_{14} 我在艰苦环境中仍能保持良好的心态进行研究	0.964
Q_{15} 我能够虚心接受他人对我科研相关内容的反对意见	0.964
Q_{16} 尽管有时感到厌烦，但我仍愿为他人伸出援手	0.964
Q_{17} 我总能分辨出事物的区别	0.964
Q_{18} 我认为分析问题是创新的第一步	0.964
Q_{19} 对于权威的观点我能提出理性的、有创新性的观点	0.964
Q_{20} 我善于透过现象看到本质	0.964
Q_{21} 我总能迅速地理解新事物，完成"是什么—怎么样—为什么"的思维过程	0.964
Q_{22} 我善于将客观对象的整体分解为若干部分进行研究内向思辨	0.964
Q_{23} 我能够找到问题的重点并以此进行研究	0.964
Q_{24} 对某个未知的领域／事物／问题我会一直探究下去	0.964
Q_{25} 我在进行研究时按照严谨的科学步骤迅速执行	0.964

续表

问卷题目	Cronbach α 系数
Q_{26} 我常常有一个想法就会立刻去做，尽管有可能失败	0.964
Q_{27} 我有"打破砂锅问到底"的精神	0.964
Q_{28} 我常常考虑周全再行动	0.964
Q_{29} 我会专门地对自己进行逻辑思维训练	0.964
Q_{30} 我常常会因为分析某样事情忘记时间	0.964
Q_{31} 我会为一件事情付出长期的努力	0.964
Q_{32} 别人眼中的我是有毅力的	0.964
Q_{33} 我一直有完成任务的决心	0.964
Q_{34} 我有顽强的意志力	0.964
Q_{35} 我能"坐得住板凳"	0.964
Q_{36} 我善于和他人沟通	0.964
Q_{37} 我常常和他人交流观点	0.964
Q_{38} 我常常对别人做出指导性建议	0.964
Q_{39} 因为我工作效率很高，所以我常常在团队里承担更多的任务	0.963
Q_{40} 我认为严谨是我过去成就获得的重要因素之一	0.964
Q_{41} 我做事一直有始有终	0.963
Q_{42} 我认为担任学生职务对于内在能力有巨大的提升作用	0.964
Q_{43} 学生时期我一直是一个成绩优异的学生	0.964
Q_{44} 安静、舒适的工作环境对我并不重要	0.964
Q_{45} 学生时期我曾因重大科学 / 技术突破获得过其他组织 / 个人表彰	0.964
Q_{46} 如果外界或他人不受我的控制会让我感到不安（反向计分）	0.964
Q_{47} 完美是我毕生追求的目标	0.965
Q_{48} 我习惯用好坏来区分事物	0.964
Q_{49} 我常常用极高的道德标准约束自己	0.966
Q_{50} 我愿意坚持为社会进步做出贡献	0.965
Q_{51} 我准确了解我所涉猎专业内的知识	0.965
Q_{52} 我常常阅读其他学科的文献	0.965
Q_{53} 我愿意了解学科大类内其他相关专业知识	0.964
总体得分	0.965

结果显示，量表问题和量表总体的信度均在0.9以上，说明量表信度处于十分可信的水平上，量表的可靠性和稳定性极好。

（二）效度分析

1.结构效度分析

本小节选用验证性因子分析法，运用最大似然估计（MLR）对于各分量表进行结构效度检验，其验证性因子分析的整体拟合度指标如表6.3所示，其程序语法详见附录D。

表6.3　问卷因子模型拟合度

χ^2	df	$\chi^2/\delta\phi$	CFI	TLI	RMSEA	SRMR
3167.162	1264	2.505	0.979	0.907	0.073	0.036

由表6.3可见，问卷五因子模型的卡方（χ^2）等于3167.162，自由度（df）值为1264，卡方与自由度的比值（$\chi^2/\delta\phi$）等于2.505，小于5。一般认为，卡方与df值比率小于5时，表示量表能够真实地反映观察资料，说明因子模型拟合比较好。

本量表中近似误差的均方根（RMSEA）为0.073。一般来说，RMSEA等于或大于0.05，表示"良好拟合"；0.05至0.08可以视为是"算是不错的拟合"；0.08到0.10之间则是"中度拟合"；大于0.10表示"不良拟合"，说明本量表属于不错的模型拟合程度。

因子模型的不规范拟合指数（TLI）等于0.907，比较拟合指标（CFI）等于0.979，一般认为，这两个指数大于0.90为良好拟合。本研究量表模型的CFI值，TLI值均大于0.90，从这两个参数来看，该模型拟合良好。

标准化残差均方根（SRMR）为0.036，小于判断值0.08，表明模型整体的残差很小，拟合很好。

总体来看，量表与数据整体拟合度的各项指标都达到很好的标准，说明量表具有很好的结构效度，可以有效地测量我国自然科学博士生的特质。

2.区分效度分析

检测量表质量的效度除上述结构效度外，区分效度也是测量指标之一。各个分量表之间区分效度相关值应当较低，表明各个分量表得出的是不同维度的指标，同时一级指标和总体分数之间及各一级指标对应的二级指标之间的区分效度应当密切。因此，对各量表进行相关分析。一级指标相关系数、二级指标和一级指标关系、二级指标之间关系如表6.4所示。其中，F_i为一级指标，f_{ij}为二级指标。

表6.4 一级指标间相关系数、一级指标与总量表、二级指标和一级指标
关系和二级指标之间相关关系表

一级指标之间及与总量表关系	相关系数	p 值	二级指标和一级指标之间关系	相关系数	p 值	二级指标之间关系	相关系数	p 值
$F_4<-->F_5$	0.281	0.00	$f_{11}<---F_1$	0.792	0.00	$F_{11}<-->F_{12}$	0.012	0.00
$F_3<-->F_5$	0.101	0.00	$f_{12}<---F_1$	0.811	0.00	$F_{12}<-->F_{13}$	0.154	0.00
$F_2<-->F_5$	0.261	0.00	$f_{13}<---F_1$	0.776	0.00	$F_{11}<-->F_{13}$	0.045	0.00
$F_1<-->F_5$	0.343	0.00	$f_{21}<---F_2$	0.798	0.00	$F_{21}<-->F_{22}$	0.097	0.00
$F_1<-->F_2$	0.469	0.00	$f_{22}<---F_2$	0.800	0.00	$F_{22}<-->F_{23}$	0.032	0.00
$F_2<-->F_3$	0.365	0.00	$f_{23}<---F_2$	0.875	0.00	$F_{21}<-->F_{23}$	0.018	0.00
$F_3<-->F_4$	0.398	0.00	$f_{31}<---F_3$	0.985	0.00	$F_{31}<-->F_{32}$	0.074	0.00
$F_2<-->F_4$	0.060	0.00	$f_{32}<---F_3$	0.940	0.00	$F_{41}<-->F_{42}$	0.260	0.00

续表

一级指标之间及与总量表关系	相关系数	p 值	二级指标和一级指标之间关系	相关系数	p 值	二级指标之间关系	相关系数	p 值
$F_1<-->F_3$	0.102	0.00	$f_{41}<---F_4$	0.990	0.00	$F_{51}<-->F_{52}$	0.184	0.00
$F_1<-->F_4$	0.187	0.00	$f_{42}<---F_4$	0.913	0.00			
$F_1<-->$ 总分	0.998	0.00	$f_{51}<---F_5$	0.954	0.00			
$F_2<-->$ 总分	0.964	0.00	$f_{52}<---F_5$	0.777	0.00			
$F_3<-->$ 总分	0.974	0.00						
$F_4<-->$ 总分	0.998	0.00						
$F_5<-->$ 总分	0.986	0.00						

由表6.4可见，一级指标内部和二级指标内部之间的相关系数均小于0.5，说明一级指标和二级指标内部各指标呈相互独立的关系；各一级指标和总分的相关系数、一级指标和二级指标之间的相关系数均大于0.5且p值小于0.001，说明各一级指标和总分的相关系数、一级指标和二级指标之间具有显著的相关性。综上所述，量表区分效度较好。

三、自然科学博士生成就与自然科学博士生潜质得分关系

（一）自然科学博士生成就量化指标的确定

在评价指标体系中，将自然科学博士生发表的各级别论文数量和年级作为成就的评价标准。其中，论文级别与第五章中自然科学工作者绩效中论文分区一致，依照中科院期刊分区标准，论文分区由高到低分为4区，其中一区为最高级别赋4分，二区赋3分，三区赋2分，四区赋1分。年级分为博士一年级、博士二年级、博士三年级、博士

四年级和博士四年级以上（不包括博士四年级）五个部分。科研成就得分由其发表的各区论文数乘以其相应赋值求和得出，年均科研成就得分由其科研成就得分除以样本所在年级数得出。

（二）自然科学博士生成就与自然科学博士生潜质得分的关系

本小节采用皮尔森相关系数进行相关性分析。分析由两个部分组成：第一部分，自然科学博士生总体潜质得分与年均科研成就得分之间的关系；第二部分，不同年级自然科学博士生的潜质得分与其对应年级科研成就得分的关系。

基于自然科学博士生科研潜质量表的结果，借用SPSS22.0的双变量相关统计功能，得出每名自然科学博士生得分与其年均科研成就之间的关系，结果见表6.5。

表6.5 自然科学博士研究生潜质得分与年均成就得分间关系表

		科研成就	特质
科研成就	皮尔森（Pearson）相关	1	0.951**
	显著性（双尾）	0.000	
	N	1446	1446
特质	皮尔森（Pearson）相关	0.951**	1
	显著性（双尾）	0.000	
	N	1446	1446

**. 相关性在 0.01 层上显著（双尾）

由表6.5可知，自然科学博士生的总体潜质得分和自然科学博士生科研成就之间的皮尔森相关系数为0.951；p值呈双侧显著（$p=0.000<0.001$），说明二者存在显著的正相关关系，证明自然科

学博士生的潜质得分和自然科学博士生科研成就之间具有明显的线性相关关系。另外，皮尔森相关系数大于0，表明了自然科学博士生总体潜质得分和自然科学博士生科研成就之间的关系成正相关，即自然科学博士生潜质得分越高，科研成就越高。

各年级自然科学博士生的潜质得分与其对应年级科研成就得分的关系，同前文自然科学博士生总体潜质得分与年均科研成就得分之间关系的计算方法一致，SPSS运算结果见表6.6。

表6.6　各年级自然科学博士生的潜质得分与其对应年级成就得分关系表

		成就
一年级得分	皮尔森（Pearson）相关	0.999**
	显著性（双尾）	0.000
	N	96
二年级得分	皮尔森（Pearson）相关	0.996**
	显著性（双尾）	0.000
	N	138
三年级得分	皮尔森（Pearson）相关	0.997**
	显著性（双尾）	0.000
	N	87
四年级得分	皮尔森（Pearson）相关	0.995**
	显著性（双尾）	0.000
	N	672
四年级以上得分	皮尔森（Pearson）相关	0.996**
	显著性（双尾）	0.000
	N	252

** 相关性在 0.01 层上显著（双尾）

由表6.6可知，各年级自然科学博士生潜质得分与其对应年级科研成就得分的皮尔森相关系数均大于0.9，显著性（双侧）均小于0.001，说明各年级自然科学博士生的潜质得分与其对应年级科研成就得分两者间存在显著的正相关关系。另外，各年级中，博士一年级的特质得分与其科研成就之间关系最为密切。

四、本章小结

本章运用第五章所得出的《潜质体系》，以1446名自然科学博士生为样本，进行了问卷调查，对于《潜质体系》中量表的信度、效度及自然科学博士生潜质得分与自然科学博士生科研成就得分的相关性进行检验。研究结果表明，从信度结果来看，问卷总体信度为0.965，且各题目信度均大于0.5且接近0.9，说明问卷信度较好；从效度结果来看，量表的各一级指标、二级指标、问题结构效度和区分效度结果均为良好以上；从自然科学博士生潜质得分与自然科学博士生科研成就得分的相关性来看，总体上说自然科学博士生潜质得分与自然科学博士生科研成就得分之间具有显著的线性正相关关系（皮尔森相关系数大于0.9），且从各年级结果来看二者关系仍极为密切。综上所述，《潜质体系》中量表部分具有较好的信度和效度，并且《潜质体系》能够准确地反映自然科学博士生未来的科研成就，可以应用于自然科学博士生群体当中。

第七章 讨论及政策建议

一、讨论

（一）研究贡献

人格心理学认为"人与人之间是有差异的，但对于同一类人来说有相似的特质"[①]。自然科学博士生的教育目的是"培养其成为未来的科研工作者"，因此，探讨自然科研工作者特质，可以发现自然科学博士生作为未来的科研工作者应当具有的潜质。

自然科学家词频分析结果表明，不同自然科学家具有合作、善于创新、科研兴趣浓厚等16种相似的特质。个案研究证明，不同的自然科学家个体的特质总体趋势相似，同时也具有差异性。自然科学博士生潜质量化研究结果表明，《潜质体系》是一个二阶五因素结构，主要由科研心理动力、科研思维、科研工作行为、前期表现与外界环境影响、学者型完美主义五个方面构成。通过探索性因子分析和验证性因子分析，证明了《潜质体系》的科学性。自然科学博士生抽样调查的

[①] 卢黎霞，陈云玲.统计学原理［M］.武汉：武汉理工大学出版社，2006：43、44.

验证性研究结果表明，《潜质体系》具有良好的稳定性和适用性。

从研究贡献来看，一方面，《潜质体系》可以直接作为筛选工具应用于自然科学博士生招生工作中，将过去模糊的"科研潜质"通过"科研成就相关特质"的得分予以呈现，切实地提高博士生的招生质量，为进一步的博士生培养做好准备。另一方面，《潜质体系》能够作为评价工具，让导师和博士生培养单位能够清晰、便捷地测定博士生个体的潜质类型，了解其潜质方面的优势和劣势，并以此为依据，因势利导地设计针对性培养方案，取长补短、查缺补漏，真正实现个性化教育。

（二）关于自然科学博士生潜质的质性研究

1.特质在心理学中也称个性。个性既包括个性倾向性也包括个性心理特征，个性倾向性反映人行为的动力来源，而个性心理特征则反映人稳定的行为规律。个性的形成可能是先天的也可能是后天的，如一个人气质的形成主要受到遗传因素影响，而性格主要是后天学习形成的习惯化的行为倾向。自然科学家特质就是先天遗传和后天养成综合作用的结果。弗洛伊德将人格结构分为本我、自我与超我，本我是先天本能的反应，超我是人类追求的理想，而自我才是人行为的现实表达。自然科学家的叙事材料是其现实生活的真实表达，笔者通过对反映自然科学家生活、工作和学习材料中的高频词汇进行统计分析，能够反映自然科学家区别于其他类型群体的典型特征，为自然科学博士生的培养提供方向。

2.本研究通过对叙事材料的词频分析和高词频词语的语义分析，发现自然科学家的特质，统计能够反映同一特质词义词汇的词频数，根据普赖斯公式得出了特质相关高频词的种类。文献研究结果表明，自然科学家特质可分为16种，按照词频由高到低的顺序，依次是合作、善于创新、科研兴趣浓厚、直觉敏锐、严谨、好奇心、重视能力提升、有恒心、知识背景广、做事效率高、完美主义、为人谦和、前期表现优秀、肯钻研、能吃苦、善于学习。

通过文献研究，我们得出了自然科学家16种特质。其中，"合作"列为最重要特质。弗鲁姆的期望理论中曾提出著名的VIE模式，即在V（效价）和E（期望值）之间引入了一个中介因素I（工具性或手段性）的概念，并指出组织目标实现是个人目标实现的工具。因此，一个人要想成功必须首先将自己融入一个组织中，通过在组织中业绩的成长实现个人成长和提升。其次是善于创新。科学研究就是一项创新性的工作，没有创新性成果就不能得到社会的认可，也就难以成为科学家。第三是科研兴趣。科研是一项十分严肃、精妙的工作，如果没有对科研浓厚的兴趣就很难达到既定的目标。第四是直觉敏锐。直觉是依照已有经验的潜意识行为，这反映了科学家对于已有知识的整合运用能力，因为只有对于已有知识巧妙整合运用才能更好地发现、分析和解决问题。统计发现，上述四种因素在16个人格因素中占53.73%，说明其在科学家特质中所具有的重要性。

3.本研究在完成文献研究后，为验证其结果的科学与否，进行了个案研究。本研究的个案研究依照上文所得出的16个特质建立了访谈提纲，分别选取了八位不同学校、职称、年龄段的自然科学家，并为控制个案研究材料的字数进行了时间为40至45分钟的结构性访谈。在此之后，以结构性访谈的资料作为研究材料，运用同于文献研究的步骤对科学家特质进行了分析和调研。从结果来看，每位自然科学家的个人特质分布曲线趋势接近一致。从百分比的数值来看，每个个案的特质数据相差不大。八位自然科学家个案前三种特质类型和排列顺序与文献研究完全一致。以上研究结果，基本可以证明文献研究的科学性。

4.个案研究也证明了特质在不同个体之间的差异性。从第四章个案研究中可以发现，尽管从总体来看自然科学家特质整体趋势相同，但没有一位科学家的曲线是与他人完全重合的。从访谈记录中可以看到，这一结果与每位自然科学家的个人经历是分不开的。如秦裕琨院士的能吃苦和肯钻研两个方面特质就远高于其他科学家，这与老一辈科学家在国家发展初期艰苦环境的磨炼是分不开的，特别是在访谈中秦裕琨院士多次提起其在新中国成立初期一家四口挤在一间屋子里，在"文化大革命"期间进"牛棚"，以及年轻时从来没有半夜12点前回过家睡过觉的经历，这都解释了秦裕琨院士在能吃苦和肯钻研这两方面特质如此突出的原因。

5.本研究通过文献研究和个案研究得出了自然科学家的16种特质类型的分类，并通过个案研究进行了验证，但受制于样本数量较少和质性研究方法的局限性，使得研究结果仍有不足。在研究过程中，笔者提出以下的疑问如：①某些特质是否具有逻辑上的因果关系，如善于创新此特质的出现是否受到直觉敏锐、多学科知识背景或是重视能力提升影响？②某些特质是否具有较高的相关性，使得这些特质可以进行合并？如善于创新、直觉敏锐、能吃苦、肯钻研这几个特质中，哪些特质的相关性更大？能否合并？以上问题的解答需要进一步进行更大样本的量化分析才能继续得出，为此本研究进行了自然科学工作者特质的量化研究。

（三）关于自然科学博士生潜质的量化研究

尽管本研究在质性研究的过程中获得了自然科学家基本的特质范畴，但是仍需要通过量化研究检验质性研究结果的准确性。因此，笔者基于访谈专家的意见和质性研究得出的16种特质，编制了用于测量自然科学博士生潜质的《自然科学博士生潜质评价量表》，发放于自然科学工作者群体中，量表包含80道潜质问题和10道自然信息题项。

本研究依照雪球抽样的方式选取样本，共获得了来自44个高等院校和科研院所，涵盖航天、生物、医学、工程、自动化、管理科学与工程、电子技术研发、建筑工程等多个专业、不同职称级别的417份有效问卷。信度效度数据经过探索性因子分析，删除了旋转因子载荷系数低于0.4的题目，最终量表构成包含科研心理动力、科研思维、科研工作行为、前期表现与外界环境影响、学者型完美主义五个一级指标和十二个二级指标，共53道题目。质性研究、量化研究因素构成如表7.1所示。

表7.1　质性研究、量化研究对照表

量化研究		质性研究	问卷题目
一级指标	二级指标	维度	
科研心理动力	兴趣	严谨/科研兴趣浓厚/重视能力提升	Q_{27} 我愿意多次检验科研结果的准确性并乐此不疲
			Q_{37} 我认为科学研究是有趣的
			Q_{38} 兴趣是我行为的驱动力
			Q_{39} 我是志愿从事科学研究的
			Q_{40} 我最大的成就感源自科研成果的获得
			Q_{56} 我是不懂就问、不会就学的
			Q_{57} 我认为新事物是有趣的、多姿多彩的
			Q_{58} 我时常感到学得越多未知越多

续表

量化研究		质性研究	问卷题目
一级指标	二级指标	维度	
科研心理动力	好奇	重视能力提升/好奇心	Q_{59} 我喜欢探究不了解的事物
			Q_{60} 我会对一些事物表示特别的注意
			Q_{41} 我时常阅读书籍、乐于学习
			Q_{42} 我非常重视基础学科的学习
			Q_{43} 我愿意尝试各种方式提升自身能力
	心理素质	能吃苦/为人谦和	Q_{51} 我在艰苦环境中仍能保持良好的心态进行研究
			Q_{66} 我能够虚心接受他人对我科研相关内容的反对意见
			Q_{67} 尽管有时感到厌烦，但我仍愿为他人伸出援手
科研思维	分析能力	善于创新/善于学习	Q_{16} 我总能分辨出事物的区别
			Q_{20} 我能够找到问题的重点并以此进行研究
			Q_{17} 我认为分析问题是创新的第一步
			Q_{19} 对于权威的观点我能提出理性的、有创新性的观点
			Q_{28} 我常常考虑周全再行动
			Q_{36} 对某个未知的领域/事物/问题我会一直探究下去
			Q_{44} 我会专门地对自己进行逻辑思维训练
	探索精神	科研兴趣浓厚/严谨/做事效率高	Q_{47} 我常常会因为分析某样事情忘记时间
			Q_{48} 我善于透过现象看到本质
			Q_{49} 我总能迅速地理解新事物，完成"是什么—怎么样—为什么"的思维过程
			Q_{50} 我善于将客观对象的整体分解为若干部分进行研究内向思辨
	理性思维	严谨/重视能力提升/善于学习	Q_{73} 我在进行研究时按照严谨的科学步骤迅速执行
			Q_{75} 我常常有一个想法就会立刻去做，尽管有可能失败
			Q_{76} 我有"打破砂锅问到底"的精神

量化研究		质性研究	问卷题目
一级指标	二级指标	维度	
科研工作行为	恒心	有恒心	Q_1 我善于和他人沟通
			Q_2 我常常和他人交流观点
			Q_5 我常常对别人做出指导性建议
			Q_6 我会为一件事情付出长期的努力
			Q_7 别人眼中的我是有毅力的
	合作沟通	合作／做事效率高	Q_8 我一直有完成任务的决心
			Q_9 我有顽强的意志力
			Q_{10} 我能"坐得住板凳"
前期表现和外界环境影响	前期表现	严谨／前期表现	Q_{72} 因为我工作效率很高，所以我常常在团队里承担更多的任务
			Q_{26} 我认为严谨是我过去成就获得的重要因素之一
			Q_{29} 我做事一直有始有终
			Q_{53} 安静、舒适的工作环境对我并不重要
	外界环境	能吃苦／前期表现／为人谦和	Q_{61} 我认为担任学生职务对于内在能力有巨大的提升作用
			Q_{62} 学生时期我一直是一个成绩优异的学生
			Q_{65} 我为学生时期我曾因重大科技突破获得过其他组织／个人表彰感到自豪
学者型完美主义	完美主义	完美主义	Q_{69} 如果外界或他人不受我的控制会让我感到不安（反向计分）
			Q_{12} 完美是我毕生追求的目标
			Q_{13} 我习惯用好坏来区分事物
			Q_{14} 我常常用极高的道德标准约束自己
	知识储备	知识背景广	Q_{11} 我愿意坚持为社会进步做出贡献
			Q_{31} 我准确了解我所涉猎专业内的知识
			Q_{34} 我常常阅读其他学科的文献

对比质性研究和量化研究结果，可以发现三个现象：①直觉敏锐维度中的所有问题均被删除；②部分特质类型维度被拆散合并；③特质类型的排序发生了改变。下面基于以上几个现象进行讨论。

（1）直觉敏锐维度中的所有问题均被删除。这代表质性研究结果和量化研究结果具有偏差，说明该特质尽管在科学工作者的文献研究和个案研究中被描述出来，但在大样本的问卷调查中不具有代表性。造成这种偏差的原因，一方面，由于词频分析中高频词的归纳是基于语境语义由笔者主观分析进行归纳的，因此，难免会受到笔者知识背景、人生经历的影响。另一方面，文献素材和访谈对象描述的主观性产生了偏差，正如爱迪生的名言"成功是百分之一的灵感和百分之九十九的汗水，但是那百分之一更为重要"一样，无数的科学家在描述过去经历时总会将一系列的成功归结于某一个瞬间灵感的迸发。但从心理学的角度来看，米哈里·契克森米哈赖（Mihaly Csikszentmihalyi）在描述创造过程时曾提出了高峰体验的概念。在这种状态下，人会进入认知集中、全神贯注、意识敏锐、时间感歪曲、获得任务不断的及时反馈、行为和意识合并等状态，在这种状态下，人获得了极高的成就感和愉悦感（契克森米哈赖，1975）[1]。因此，文献研究中的科学家在介绍过去经历时很容易将这种极端愉悦的高峰体验描述出来并将其归结为直觉，故造成了这种偏差。同时，从量化研究结果的角度来看，直觉敏锐维度被删除也是可以解释的，自然科学作为以逻辑学或者说数学为基础的科学类别，要求科学家必须要以客观的事实为基础，通过严密的逻辑推理和归纳演绎获得对现实

---

[1] 沈宁. 奥尔波特及人格心理学［J］. 大众心理学，2006（2）：43、44.

准确完整的描述，因此，尽管直觉有可能对于科学家的科研成就有所影响，但不应当是关键因素。

（2）部分特质类型维度被拆散合并。这种现象广泛出现在各种量表编制的过程中，在排除计算方法有误和因子分析错误的原因后，笔者认为，产生以上现象最重要的原因是笔者在质性研究的过程中对于特质类型的描述不够精确，并没有完全将一个词义所包含的具体内容进行归类：①问题描述不准确，如问题Q73（我在进行研究时按照严谨的科学步骤迅速执行），尽管在前期问卷设计的过程中将其编制为严谨的特质范畴，但是从问题描述可以发现，问题实际描述的是关于科学家对于科学探究的态度，因此造成了偏差；②对特质类型词汇理解不够造成了偏差，例如量化研究的心理素质维度，其中包括了文献研究结果中能吃苦和为人谦和两个维度中的三个问题，依照大五人格量表的结论，高情绪稳定性的人具有友善、自我控制、适应力强等特点。因此，笔者这种语义理解上的不足造成了这种失误。

（3）特质类型的排序发生了改变。参照自然科学家的量化结果，笔者发现量化结果中特质的排序与质性研究中合作排名第一的结论不同。其中，包含"兴趣"这一特质在内的科研心理动力，超过了"善于创新"（合并入科研思维）和"合作"（合并入科研行为）上升为排名第一的特质类型。产生这种现象笔者认为，从第五章量化分析中各因素之间的相关系数可以解释，如图7.1（本图参照第五章中表5.14绘制）。

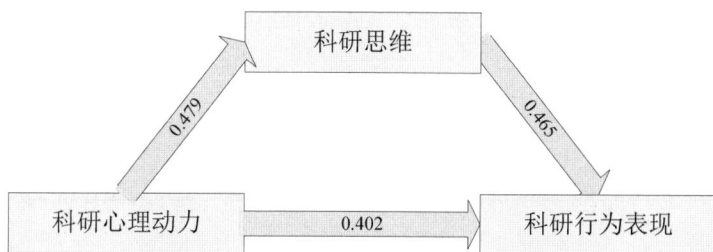

图7.1 自然科学家特质类型1、类型2、类型3关系图

从图7.1中可以看出，科研心理动力对于科研思维的影响略大于对科研工作行为的影响，科研工作行为与科研思维之间的关系比科研工作行为与科研心理动力之间的关系更密切。因此，科研思维成为科研心理动力与科研行为表现的中介变量。由此，可以认为科研心理动力影响着科研思维的产生，科研思维又规范了科研工作行为，同理科研心理动力在影响着科研工作行为的同时，科研工作行为的结果也进一步加强了科研心理动力。这个结论符合创造学中内部动机影响创造思维，创造思维影响创造行为，创造行为所获得的成就强化内部创造动机的观点[①]。

（四）关于自然科学博士生潜质量表的检验

本研究采用方便取样的方法，在东北大学、沈阳理工大学、辽宁中医药大学、中国医科大学、大连理工大学等学校，共发放1500份问卷，通过SPSS 22.0进行重复个案、异常个案分析，得到有效问卷1446份。分析信度、效度值发现，基于自然科学家的自然科学博士生科研潜质评价量表具有极好的信度效度，能够有效且全面地测量自然科学博士生的科研潜质。

---

① Csikszentmihalyi M. Beyond Boredom and Anxiety［J］. 1975.

从被试自然科学博士生潜质量表的结果来看，尽管自然科学博士生的总体平均分为18.85178分，大于所有选项选择"符合"的得分（18.794分），高于自然科学科研潜质的最低要求，但是自然科学博士生的各项特质得分明显低于自然科学工作者。这说明自然科学博士生尽管具有科研潜质，但仍需要大量的学习和科研训练后才能形成真正的科研特质，成为真正的自然科学工作者。

表7.2　自然科学博士生和自然科学工作者特质得分对照表

类属	科研潜质平均分	科研心理动力	科研思维	科研工作行为	前期表现与外界环境	学者型完美主义
自然科学博士生	18.853	6.54	4.91	4.33	1.60	1.47
自然科学家	21.378	7.43	5.43	4.89	1.76	1.64

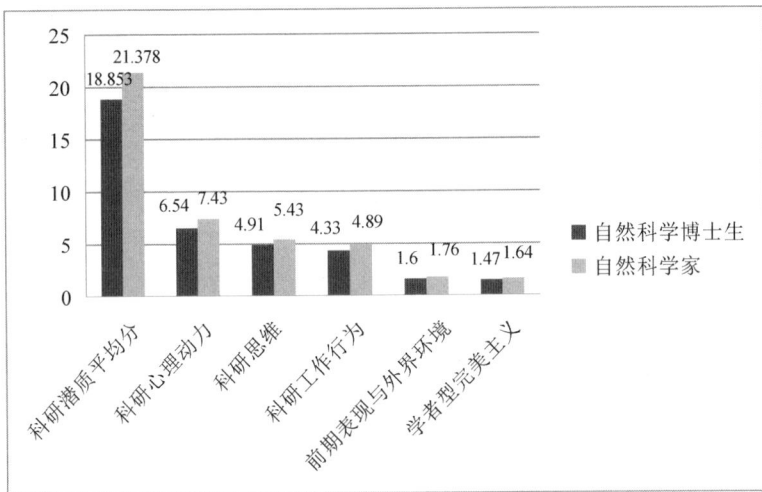

图7.2　自然科学博士生和自然科学家科研特质对比图

从各学科自然科学博士的各科学潜质分类一级指标来看，理科博士生尽管在科研思维和科研心理动力方面明显高于工科和医学博士生，但是在科研工作行为方面明显低于工科和医学博士生。工科博士生尽管科研心理动力较低，但是科研工作行为明显高于理科和医学博士生。医学博士生在科研潜质各方面较为均衡，只有在学者型完美主义方面高于理科和工科博士。因此，理科博士在培养过程中需要重视科研工作行为的训练。工科博士需要重视科研心理动力的培养。理科和工科博士均需要学习医学博士生学者型完美主义方面的优点。

表7.3 各学科自然科学博士生科研潜质平均分

学科	科研潜质平均分	科研心理动力	科研思维	科研工作行为	前期表现与外界环境	学者型完美主义
理科	18.843	6.621	5.044	4.063	1.655	1.460
工科	18.804	6.403	4.831	4.551	1.564	1.457
医学	18.898	6.610	4.856	4.373	1.569	1.491

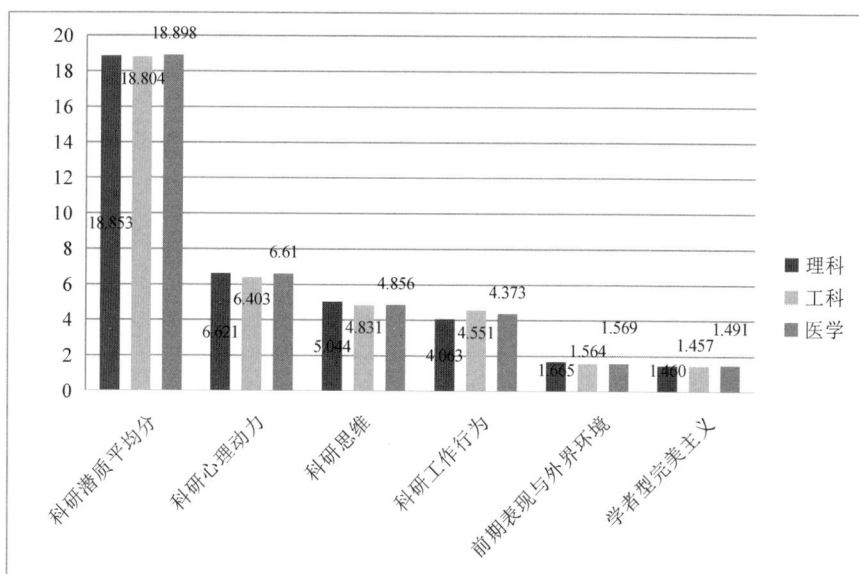

图7.3 各学科自然科学博士生科研潜质对比图

如表7.4所示，从性别来看，性别因素对于科研潜质的影响很小。从性别与具体科研潜质类别对应结果来看，本研究认为，男性自然科学博士生应当重视在科研心理动力和前期表现与外界环境影响两方面的提升，女性自然科学博士生应当重视科研思维、科研工作行为、学者型完美主义方面的培养。

综上所述，从学科分类和性别分类的自然科学博士生科研潜质得分结果中可以发现，尽管不同群体之间略有差别，但各人群分类之间潜质得分十分接近，证明了博士生潜质评价量表在博士生不同群体中试测结果的一致性和科学性。

表7.4 男性和女性博士生科研特质对比

科研潜质	男性	女性
科研潜质平均分	18.853	18.851
科研心理动力	6.619	6.620
科研思维	4.844	4.843
科研工作行为	4.365	4.359
前期表现与外界环境	1.564	1.568
学者型完美主义	1.461	1.460

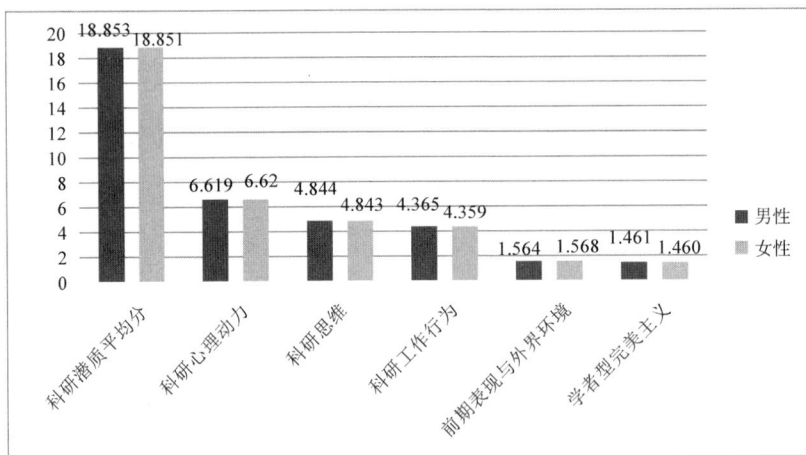

图7.4 男性和女性博士生特质对比图

在此基础上，本研究将博士生科研潜质的分数与博士生科研绩效进行了相关性分析。将博士研究生所发表的各级论文数量和博士研究生的年级作为博士研究生成就的评价标准。其中，论文级别与第五章中自然科学家绩效中论文分区一致。依照中科院期刊分区标准，论文分区由高到低分为四区，其中一区为最高级别赋4分，二区赋3分，三区赋2分，四区赋1分。年级分为博士一年级、博士二年级、博士三年级、博士四年级和博士四年级以上（不包括博士四年级）五个部分。成就得分由其获得的各区论文数乘以其相应赋值求和得出。年均成就得分由其获得的各区论文数乘以其相应赋值之和除以样本所在年级数得出。从研究结果来看，个人科研潜质得分与其科研成就系数呈显著正相关，因此，关于"科研潜质影响博士生科研成就"的研究假设成立。

综上所述，基于自然科学家的《潜质体系》，具有科学性和完整性，能够完成博士生科研潜质筛选工具的作用，能够成为导师和高校实现有针对性的自然科学博士生招生的工具，并为真正实现博士生科研潜力的提升做出贡献。

二、政策建议

基于自然科学家的特质的自然科学博士生潜质评价量表应用于以下两个方面：一是作为自然科学博士生招生考试的筛选工具，起到作为自然科学博士生招生考试标准的作用；二是能够作为博士生科研特质倾向的甄别工具，为自然科学博士生个性化培养服务。

（一）作为自然科学博士生招生的筛选工具

目前，我国博士研究生招生考试正逐渐从全国统考向"申请—考核"制招生转型，但是，考核的方式多数还是以英语、专业课笔试、面试的招考流程进行，未能实现教育部在《深化研究生教育改革的意见》中关于"积极推进考试招生改革，建立与培养目标相适应、有利于拔尖创新人才和高层次应用型人才脱颖而出的研究生考试招生制度。优化初试，强化复试，发挥和规范导师作用，注重对考生专业基础、综合素质和创新能力的考查"的要求。特别是在综合素质和创新能力考查方面，由于考查工具的局限性，不能进行科学、全面的考查。

《潜质体系》的优点在于，可以将自然科学博士生科研潜质以量化得分表现出来，并依照得分对于博士生的科研潜质进行筛选和评判。应用这一工具，有助于解决博士生科研能力评价仅依靠主观经验判断所造成的缺乏科学性、完整性、公平性的质疑。因此，为提高博士生的招生质量，笔者提出以下建议：

第一，通过多种渠道，提高导师和博士生招生单位对于考核博士生潜质的重视程度。政府应当运用政策工具或现代传媒手段，让博士生导师和博士生招生单位认识到，招收具有科学家潜质的博士生是提高博士生招生质量的重要途径。

第二，加强对博士生潜质评价相关研究的投入。政府应当为博士生潜质评价相关研究提供多方面支持。如提供博士生潜质招生方面应用的课题经费、开展博士生招生应用交流会等多种方式，不断革新博士生招生制度的内涵，促进博士生招生事业的健康发展。

第三，建立潜质评价平台进行远程考核。潜质评价量表可以在低成本的情况下进行远程考核确定博士考生的科研潜质。具体操作上，高校可以建立网上自然科学博士生潜质评估平台，对于博士生的潜质进行远程考核，筛选出有潜力的博士生。填写博士生潜质评价量表这一步骤，可以设置于博士生网络提交材料的过程中，这将有利于降低高校的工作成本，提高效率。

第四，完善博士生招生考试复试阶段的科研潜质评价标准。高校可参照《潜质体系》的具体内容，完善博士生招生复试中科研潜质评价的标准。各博士生招生单位，可以在已有复试考核内容基础上，参照《潜质体系》的一级指标，构建适合各自院校和学科发展的科研潜质评分表。依照招生单位和导师的具体需求对自然科学博士生的现场表现进行评分，从而更有针对性地将具有科研潜质的自然科学博士生招收到博士生队伍中来，为之后进行自然科学博士生的个性化培养做好准备。

（二）作为自然科学博士生个性化教育的辅助工具

2013年，教育部在《深化研究生教育改革的意见》中提出了"完善以提高创新能力为目标的学术学位研究生培养模式。统筹安排硕士和博士培养阶段，促进课程学习和科学研究的有机结合，强化创新能力培养，探索形成各具特色的培养模式"。

从博士生潜质评价指标体系中可以发现，虽然在读博士生从总体上来看在科研心理动力、科研思维、科研工作行为、前期表现和外界环境影响、学者型完美主义五个方面具有相近的测量结果，但同时也发现不同个体之间、不同群体类别之间存在差异。博士生培养单位和教师应当充分了解这些差异，优长补短，有针对性地进行培养。而潜质评价量表可以作为潜质甄别工具，为个性化教育提供科学的参考和依据。

表7.5 自然科学博士生平均分与典型个案得分对比表

分类得分	科研潜质	科研心理动力	科研思维	科研工作行为	前期表现与外界环境	学者型完美主义
平均得分	18.853	6.540	4.910	4.330	1.600	1.470
个案1得分	18.573	5.902	4.931	4.651	1.610	1.457
个案2得分	19.950	7.120	4.843	4.859	1.568	1.560
个案3得分	19.543	7.621	5.044	3.961	1.442	1.475
个案4得分	19.771	7.132	5.075	4.365	1.532	1.667
个案5得分	19.035	6.620	5.055	4.450	1.609	1.301

从表7.5中我们发现，尽管5个自然科学博士生个案的平均得分都很高，但不同的是，一级指标得分具有差异性。

如个案1，这类博士生科研工作行为表现突出，科研思维、前期表现与外界环境得分略高于平均值，但科研心理动力严重不足，特质得分详见表7.2。对于这样的学生的培养建议，可以从东北大学刘腾飞教授的教学经历中找到答案。刘腾飞教授曾谈及他的一个学生，"这个学生平时很懒散，也不愿意来实验室。后来我发现他总是喜欢看无人机的东西，然后就给他看他学长做的一个负载无人机。他发现大多数无人机都是一个负载，他就琢磨为什么不能带两个负载，并保证飞机降落后不倾斜或晃动。接下来，他花了一年功夫，先学力学，把模型给建了，接着开始逐一学习和研究，我又给他一些基本的指导：应该去找什么方法、运用什么方法等。他非常努力，每天早晨一直弄到晚上10点，一个寒假都在实验室里做实验，从建模到控制器设计再到稳定分析全达到要求，然后试验成功，飞机可以正常起飞了。这位学生的成功经验告诉我们，兴趣是最好的老师。"

从这个教育过程中我们可以发现，刘腾飞教授在教学过程中，依照博士生的兴趣提供了研究方向，并支持学生学习其他学科的内容，同时进行方向性的指导。因此，对于上文中个案1这类科研心理动力较低的博士生，笔者提出以下几点建议：

（1）导师层面：①以身作则，持续更新知识结构保证自己的知识水平、学识见解处于学科发展前沿，做好榜样；②密切关注博士生日常生活的兴趣点，并以此为依据设计研究方向；③支持学生研究自己研究领域之外的问题，并为其尽可能地提供方向性的支持；④保护每一个学生的创新意识，在科研过程中鼓励博士生积极思考和探索，强化博士生对于科研工作的正面印象。

（2）学校层面：设立学术生涯规划课程，激发博士生的学习热情和学习动力，化"被动学习"为"主动研究"。帮助博士生加强对自我的剖析、对所学专业的认识、对个人学术生涯方向的探索。

个案2从表7.2中我们可以发现，这类博士生除科研思维以外，其他方面特质分数较高，因此，个案2的培养方案应当专注科研思维方面的培养。具体的培养建议可以从张明雪教授和唐立新教授的教学经验中总结得出。张明雪教授认为"科研创新的思维是可以用上一些方法论的课来进行培训"。同时唐立新教授也指出："我觉得多听学生的（声音）很重要，我们在教的过程中可能说得过多了，要倾听他们的声音，教学应当是启发式的，老师通过提出问题，要学生自己阐述。这样有利于学生学习能力的提高，特别是教师布置一项科研任务时，让学生独立思考，远比直接给出答案意义更大。"从张明雪教授和唐立新教授的教学经验中，我们可以发现，培养个案2这类科研思维较弱的博士生应当在保证其知识完备性的同时，让这类学生专注方法论类课程的学习。针对这类博士生笔者提出以下两点建议：

（1）导师层面：导师应当在教学中引导博士生科研思维的形成，进一步扭转重知识轻方法的教育模式，在知识传承的过程中更多地锤炼学生自主探索的能力。以探究为导向，鼓励学生自由探索、自主思考，把传授知识与培养独立思考能力结合起来，引导他们逐步提高思维水平。

（2）学校层面：①学校可以针对性地设置一些方法论课程，借鉴西方大学的教育体系中将哲学作为必修课的培养模式，让博士生在课程中接受思维训练，切实提高博士生的科研思维；②学校可以组织以讲座形式为主的方法论论坛，组织以为博士生提供实用的科学研究方法、具体实验操作方法的主题讲座，拓宽博士生的研究思路，搭建博士生与大师间的交流平台，从而增强博士生科研思维，营造重视科学思维的学术氛围。

个案3的特质得分中我们可以发现（详见表7.5），此博士生的科研潜质分数较高，科研心理动力、科研思维、前期表现与外界环境、学者型完美主义均高于平均水平，但科研工作行为较低。因此，在教育与个案3特质类型相同的博士生时，应当发挥其科研心理动力和科研思维方面的优势，增强科研工作行为。

访谈中，刘腾飞教授谈到他是在团队的影响下才走上了科研道路的："当时我在团队当中，他们是做控制理论的，我是做应用的，一般说吧，应用的相对来讲感觉不是那么学术了，他们做控制理论，他们特别有激情，让我觉得做学术很有吸引力，如果没有进入那个团队，我是不大可能会继续做学术研究了。"王辉教授也指出，"你首先得在一个比较高的平台上，有一个很好的团队。然后你得有团队精神，把团队都拧成一股绳往一个方向走，让团队都能齐心协力，这样肯定是能够做出东西来的"。

从刘腾飞教授和王辉教授的访谈中我们可以发现，对此类博士生的培养，应当更为关注在课题研究的背景下增强其科研工作行为：（1）重视团队的力量。（2）给予机会锻炼其合作和领导力。比如，导师可以让这类博士生与其他同学共同进行课题研究，以课题为依托，在实践中增强其科研工作行为。具体建议如下：

（1）导师层面：①导师应当鼓励其加入课题组参与研究，分享科研成果，鼓励这种类型博士生与其他同学进行交流和讨论。运用团队的力量强化其进行科学研究的恒心，激励其继续战胜困难。②在这类博士生科研工作行为有所提升后，导师可以尝试让其带领其他年级较低的博士生参与课题。导师可以适当"放手"，在作为任务"发布者"和结果"检验者"的同时提供管理方面的指导，让这类博士生在领导团队进行研究的过程中，既培养了科研能力，又锻炼了团队领导能力。

（2）学校层面：学校应当实施博士生朋辈教育计划，针对不同学科专业、不同兴趣爱好博士生的不同特点，有意识地组建不同类别的朋辈教育社团，发挥社团成员在博士生教育中的积极参与作用。让学校真正实现有的放矢地实施博士生教育、增强博士生教育效果。

个案4的特质得分统计中（详见表7.5）可以发现，个案4的科研潜质得分较高，但前期表现和抵抗外界环境影响的能力较低，这种表现与金虹教授提到的现象相近，即"本科背景好的，科研能力会好些，但是这里也有例外，他有一个博士生来自哈理工，本科背景和哈工大相比，属于二类学校。但这位学生专研能力特别的好，甚至比哈工大的学生还好"。因此，对这类博士生的培养应注重弥补本科期间学缘不足的背景，并增强其抵御外界环境干扰的能力。

这类博士生的培养建议，笔者从本科毕业于大连民族大学，现为"青千计划"成员的付俊教授的教育经历可以略见一二："读博士也不是太难的事，其实你只要坚持住，肯静下心来坚持住，肯定能毕业，但也得碰到一个好的导师，碰到好的导师是比较幸运的。好的导师就像我的硕博导师赵军老师，是一个做学术的人，我之前本科不太好，他让我做项目，写文章，这对我的科研能力绝对是很大影响，而且他不光科研能力好，做人也很低调。"

从付俊教授的教育经历我们可以发现，导师在其求学过程中，依照其前期学校的劣势设计了单独的教学方案。因此，在针对个案4这类如学校出身前期表现分数较低的博士生培养时应当注意以下几个方面：

（1）导师层面：①导师应当专注博士生个体发展的背景。在博士入学时，针对博士生个体学术背景、学术能力设计总体的教育方案。②在教育的过程中不断修正，从择善而从、扬长避短的角度，发挥博士生前期表现所带的优势，补足学术背景所带来的劣势。

（2）学校层面：学校应当专注博士生的心理健康，提高博士生抵御外界干扰的能力。高校和博士生培养机构应当在进行心理教育的同时，定期为博士生进行心理测评，以科学的方式确定博士生的心理状态，同时做好博士生的心理疏导工作，配备专业的心理辅导团队，增强博士生对外界环境干扰的抵抗力。

学者型完美主义分数较低的博士生，如个案5，尽管这类学生学者型完美主义分数较低，但其他分数以及总分均远高于平均值，因此，在培养过程中，应当专注提高追求完美的精神品质。

这一方面金虹教授给出了相当细致的解答："他本科背景不好，属于二三类学校，但很聪明，也很积极，思维比较跳跃，他写论文时，一会儿发给你，老师，我改了，这一版没等我看完，半小时后又发过来，老师，我又改了。结果第一年黄牌警告，第二年又黄牌警告。后来我就让他制定一个行动计划，然后一起讨论，规定具体完成时间，分步骤进行并告诉他写完了，做点别的事情，回头再好好看两遍，然后这个学生就这样天天看书写论文，认认真真的，结果他是那一届最早毕业的学生，三年半博士毕业，还发了SCI论文，博士论文盲评，两个都是A。"

从金虹教授的访谈中我们可以发现，部分博士生的确出现可能由于前期表现和外界环境影响因素造成的特质缺陷（如本科院校）形成了学者型完美主义的弱势。但是，从金虹教授的教学过程中，我们发现这类博士生转变的关键节点：①黄牌警告；②与导师的密切联系，定期汇报自身情况；③与导师共同确定行动计划。因此，针对这类博士生的培养，笔者提出以下建议：

（1）导师层面：①导师对于学者型完美主义较差的学生一方面应当加大监督力度，以"少量多次"的方式设计博士生的任务计划，有步骤分阶段地让博士生走上科学研究的正轨。②导师可以在生活中为博士生提供更多的情感上的关怀和鼓励，保护博士生的身心健康。因为导师与博士生之间不仅仅是师生关系，更是一种"不是父子，胜似父子"的情感关系。③导师在学术道德与学术风气方面也应始终坚持实事求是、坚持严谨治学，为学生树立榜样，起到潜移默化的作用。

（2）学校层面：①各高校应当重视博士生的学业评估，发挥二级培养单位的组织作用。二级培养单位应根据自身学科专业特点，制定博士生阶段性考核标准，依据培养计划，阶段性的审核博士研究生的各项学习科研任务的执行情况。②注意制度的精细化程度，阶段性考核后，在及时向博士生个人公布考核结果的基础上，也应当将考核结果通知导师，使其为之后博士生导师进行有针对性的个性化培养工作奠定基础。

（三）保障建议

为了保证上文中的招生和培养政策能够合理有效地实施，笔者从制度层面和保障条件两个方面提出以下建议。

1.制度层面

《潜质体系》保障建议的制度层面，主要从招生工作和个性化培养工作两个角度切入。

（1）招生工作方面，应进一步明确自然科学博士生培养目标，加强招生中博士生潜质评价的宣传和应用。

①加强宣传，提高管理者和博士生导师对博士生潜质评价重要性的认识。

从心理学和大众传播学的角度来看，宣传具有鼓励、说服、意见导向和观点评判等多种功能，尤其在大众传播中，传播机构（如电视台、报纸媒体、广播电台、政府网络官方账号）具有其他媒体所不具备的"公信力"。专业的传播机构作为大众的"意见领袖"，能够直接有效地传达观点、引导舆论，并最终影响大众的观点与行为①。因此，政府和招生单位应充分发挥官方媒体的优势，对于博士生潜质评

---

① 许静.传播学概论［M］.北京：北京交通大学出版社，2007：188.

价的目的、意义、内容和重要性进行宣传，提高管理者和博士生导师对博士生潜质评价重要性的认识。

②制定相关政策，推动《自然科学博士生潜质评价量表》在博士生招生工作中的应用。

我国博士生招生工作是政府的公共事业性行为，博士生招生工作呈现由教育部牵头、各地政府及各高校规范、各院系及导师实施的政策模型。因此，我国博士生招生工作应当由国家和政府相关的教育管理部门牵头，制定相关政策，改革招生制度，规范招生程序。博士生招生单位应当配合国家和相关部门的工作，切实将自然科学博士生潜质评价纳入博士生招生体系中，进一步深化《自然科学博士生潜质评价量表》在招生工作中的使用，在保证招生公平性的同时，提高生源质量。具体实施层面，一方面，国家应当依托学信网等官方平台，建立博士生潜质评价平台对博士生生源进行筛选。另一方面，政府及相关高等教育管理部门应当对博士生潜质评价的具体实施制定指导性文件，要求高校在博士生招生过程中遵循"公平、公正、公开"的基本原则，减少复试环节中可能出现的权力寻租问题。

③积极发展和完善自然科学博士生潜质评价工具。

本研究的《自然科学博士生潜质评价量表》是基于现今"为了使其具有成为科研工作者相关能力"的博士生培养目标而构建的。需要说明的是，培养目标具有社会性、时代性和阶段性的特征，随着社会的发展、时代的进步，博士生的培养目标也会随之改变。因此，政府应当增加相应领域的立项课题研究，鼓励高校紧跟社会发展的脚步，不断调整教育目标，持续丰富《自然科学博士生潜质评价量表》的内涵，增强博士生潜质评价工具的适用性，使《自然科学博士生潜质评价量表》能够更好地适应自然科学博士生招生的相关工作。

（2）制定《自然科学博士生潜质评价量表》，保障其在个性化教育培养中的运用。

①将《自然科学博士生潜质评价量表》的测验结果列入博士生日常考核及毕业考核中。

现阶段博士生相关单位关于博士生日常考核及毕业标准的制定，多数专注于博士生的课程成绩、公开发表论文的级别与数量和毕业论文工作的完成度三个方面，没有将自然科学博士生科研潜质的个性化发展作为指标，也不利于个性化教育培养过程中《自然科学博士生潜质评价量表》作用的发挥。因此，博士生培养单位应将《自然科学博士生潜质评价量表》的测量结果列入博士生日常考核及毕业考核中，让自然科学博士生在学习的过程中充分重视自身科研特质发展的重要性，以促进个体的全面发展和进步。

②制定鼓励博士生导师将《自然科学博士生潜质评价量表》作为个性化培养工具的相关保障政策。

博士生导师作为教育主体与博士生的成长息息相关，制定鼓励博士生导师将《自然科学博士生潜质评价量表》作为个性化培养工具的保障政策至关重要。因此，一方面政府和高校应当进一步下放权力，制定或颁布一系列政策，从课程设计、培养过程、培养标准等方面入手，增加博士生导师在博士生培养过程中的自由度，让博士生导师有充分的发挥空间，进行个性化的自然科学博士生教育。另一方面，政府和高校应当鼓励博士生导师参照《自然科学博士生潜质评价量表》的评价结果，针对自然科学博士生个体的科研潜质设计不同的培养方案，让博士生导师能够有依据地对自然科学博士生进行个性化的、有针对性的培养。

2.保障自然科学博士生个性化培养的各项条件

自然科学博士生个性化培养的具体实施需要多方面条件的配合，因此，政府和博士生培养机构作为管理主体，应当从师资配备、课程开发、教育平台构建和建立考核机制四个方面为基于《潜质体系》构建的自然科学博士生个性化培养制度提供支持。

（1）个性化教育师资的配备。

高校可以跨领域、跨单位聘请专家作为导师，适当改变博士生导师队伍的结构，使导师队伍的知识背景覆盖面更为广泛，使博士生能够依照自身特点选择利于自身发展的导师，促进自然科学博士生科研潜质的个性化发展。

（2）个性化教育课程的开发。

学校应当增加有利于特质发展的课程。如开发有利于科研心理动力的职业发展类课程、有利于培养科研思维的方法论教学类课程，有助于科研工作行为的人际交往类课程等，使之为个性化教育做好课程支持。

（3）个性化教育平台建设。

①构建个性化选课平台。高校应在保证博士生完成其学科必修课的基础上，打破学科壁垒，建立"大学科""全学科"选课和个性化课程推荐系统。在尊重博士生自身意愿和博士生导师建议的前提下，个性化选课平台依照自然科学博士生潜质评价量表对博士生个体的评价结果，参考其特质类型和研究方向，设计并推荐其学业课程。让选课系统真正为博士生创造能力培养服务，为博士生个性化教育

服务。

②高校应当搭建以导师组制度为基础的综合教育平台。一直以来，"师徒制"的博士生培养模式成果显著，但从现代科学发展趋势而言，多学科融合学术能力的培养将更加符合未来发展的需要。因此，各博士生培养单位应该在进一步推进责任导师和导师组制度相结合的同时，搭建导师组综合教育平台，让博士生在科研过程中，通过综合教育平台寻找对其研究有帮助的高校、企业、科研院所导师，成立以责任导师为核心的联合导师组，为自然科学博士生拓宽新视野、开拓新思路、形成新观念、创造性地解决问题提供更多的可能，为自然科学博士生跨学科学习、跨学科研究创造条件。

③政府应当加速构建校企、校地实践平台。从本研究来看，培养博士生科研特质，需要博士生从高校中"走出来"进入真正的科研工作场景中，在实践中培养自然科学博士生科研特质。因此，政府应当在发改委、科技部相关文件精神的指引下，构建"以市场为导向，企业为主体，高等院校为技术支持，产学研相结合的新型科技创新体系"，为校企、校地联合搭建自然博士生校企实践平台。博士生培养单位应当进一步完善校所、校企协同创新的联合培养机制，加强与行业企业的战略合作，为学生的成长打造实践平台，促进产学研的协同发展。同时，政府、高校和企业应当紧密结合国家与地方的重大科研任务、技术攻关项目，通过产学研一体协作等多种途径，强化学生科研训练，推动科研人格的提升，切实提高博士生科研能力。

（4）个性化教育考核机制的形成。

①完善博士生学业过程评价机制。从本研究的研究结论中我们可以发现，科研相关特质密切影响着博士生的科研成就。尽管博士生大

多数年龄已经超过25岁，特质基本定型，但是导师在培养过程中通过各种方式有针对性地对特质类型不同博士生的科研行为进行影响，可以让博士生逐渐形成良好的科研习惯，逐渐提升博士生的科研特质。因此，博士生培养单位应将自然科学博士生科研潜质评价量表作为博士生学业评价的重要内容，定期使用量表对自然科学博士生进行测量，并将博士生的考评结果通知博士生和博士生导师。让博士生导师在培养过程中，将博士生科研潜质的评价结果作为培养的重要依据，依照每个博士生科研潜质的评价结果，设计有差异的培养方案，实现有针对性的博士生个性化培养。

②完善博士生学业质量评价体系，从论文数量考核向绩效考核与科研特质考核并行的考核体系过渡。从公共事业管理的角度来看，公共事业的管理目标需要公平与效率。现阶段博士生教育的质量评价，主要包括博士生毕业论文和学业过程中公开发表的论文两个方面，并不能全面地反映博士生在接受教育过程中的学业质量。因此，各博士生培养单位可以基于本研究所得出的自然科学博士生科研潜质评价指标体系，建立科研绩效和科研特质的综合评价体系，将科研成果数量和科研潜质发展程度共同作为评价指标，形成更全面的博士生质量评价体系。

第八章 结 论

本研究基于国内外心理学和创造学中关于特质的内涵及结构的相关研究，以扎根理论、社会建构论、心理测量理论为理论基础，采用文献收集、访谈和开放式问卷的方式，运用词频分析、语义分析等方法，获得了反应自然科学家特质的基本内容。在此基础上，又编制了《潜质问卷》，417位自然科学工作者进行的问卷调查和统计分析结果表明，问卷信度、效标效度结果良好，能够有效地反映自然科学工作者科研特质总体面貌。经验证性因子分析后，删除旋转因子载荷系数低于0.4的题项（共删除27道题目）后发现，自然科学博士生潜质呈二阶五因素结构，这样便形成了包含五个一级指标、十二个二级指标，共计53道特质题目的《潜质体系》，其中一级指标由科研心理动力、科研思维、科研工作行为、前期表现与外界环境影响、学者型完美主义构成，二级指标由兴趣、好奇心、心理素质、分析能力、探索精神、理性思维、恒心、合作沟通、前期表现、外界环境影响、完美主义、知识储备构成。《潜质体系》经1446名自然科学博士生检验，结果证明，自然科学博士生科研潜质评价体系具有较好的信度和效度，能够作为科学衡量自然科学博士生科研潜质的工具。同时，依照《自然科学博士生潜质评价量表》在自然科学博士生的群体中的测验结果，提出了关于招生和培养的相关建议。具体研究结论如下。

一、基本研究结论

（一）自然科学博士生的培养目标是使其成为未来的科学家

本研究在梳理中西方博士生教育和评价历史后，认为自然科学博士研究生培养目标应当是"为了使其具有成为自然科学家的相关特质"，博士生成果应当体现在其学术成果方面，即公开发表的论文上。

（二）质性研究表明我国自然科学家普遍具有16种特质

首先，运用词频分析工具分析自然科学家相关文献的高词频词汇，依据各类词性特点和特质词汇的语境语义总结出包括合作、善于创新、科研兴趣浓厚、直觉敏锐、严谨、好奇心、重视能力提升、有恒心、知识背景广、做事效率高、完美主义、为人谦和、前期表现优秀在内的16种特质。

其次，为防止仅进行文献研究可能会产生的偏差，基于文献研究的16种特质分类进行个案访谈，并运用词频分析工具对访谈对象的访谈内容进行词频分析，最后发现个案调查的自然科学家中特质类型与文本研究中的结论基本一致，同时也发现作为个案调查对象的自然科学家也具有个人独特的人格特点。

（三）量化研究发现《潜质体系》呈二阶五因素结构

为进一步确定自然科学博士生潜质的类型，最终形成基于自然科学家特质分析的《自然科学博士生潜质评价指标体系》（简称《潜质体系》），首先依照相近类型量表的编纂规制，按照自然科学家16个特质编制成自然科学博士生潜质评价量表。量表包括80道特质考查题目和10道自然情况题目。

其次，将量表发放至自然科学工作者群体中，共获得417份有效问卷。运用SPSS 22.0、Mplus 6.0和SPSS AMOS 22.0软件对问卷结果进行信度分析、探索性因子分析、效标效度分析和验证性因子分析（结构效度分析），分析结果如下：

（1）信度分析。问卷信度，Cronbach's Alpha系数为0.950，十分可靠。

（2）效标效度分析。通过自然科学家特质的得分与科学家成就之间进行相关性分析发现相关性为0.801，具有较高的相关性。以上分析证明了问卷调查的科学性和有效性，即问卷调查能够有效地反映自然科学家的特质。

（3）通过探索性因子分析，删除了27道旋转因子载荷系数低于0.4的特质问题。剩余的53道特质题目呈现由五个一级指标（科研兴趣相关、思辨能力相关、意志品质相关、内外环境相关、学者型完美主义）和十二个二级指标（兴趣、好奇心、心理素质、分析能力、探索精神、理性思维、恒心、合作沟通、前期表现、外界环境影响、完美主义、知识储备）构成的二阶五因素结构。由此得出了自然科学工作者特质即自然科学博士生潜质。

（4）验证性因子分析（结构效度）。运用Mplus 6.0和SPSS AMOS 22.0对问卷的效度进行检验，其中，卡方与自由度的比值为4.942，RMSEA值为0.061，CFI值为0.979，TLI值为0.970。验证性因子分析结果证明了探索性因子分析的科学性。

最后，在以上分析结果的基础上，构建了包括53道特质题目的《自然科学博士生潜质评价量表》（简称《潜质量表》），并依照各题目的旋转因子载荷系数得出了各一级指标、二级指标的权重以及量表计算公式，初步完成了《潜质体系》的构建。

（四）验证研究表明《潜质体系》可以作为我国博士生潜质评价工具

为检验基于自然科学家特质分析的《潜质体系》在自然科学博士生群体中的适用性，本研究将包括53道特质题目和9道自然状况题目的《潜质量表》发放给47位自然科学学科的博士生。样本选取方式遵循方便采样的原则，共获得1446份有效问卷。

量表测验结果经信度分析和效度分析后发现，量表具有极高的可信度和非常好的结构效度和区分效度，其中，量表信度的Cronbach's Alpha系数为0.965；结构效度中，卡方与自由度的比值为2.505，RMSEA值为0.071，CFI值为0.979，TLI值为0.907；区分效度中，一级指标内部和二级指标内部之间的相关系数均小于0.5，各一级指标和总分的相关系数、二级指标和一级指标的相关系数均大于0.5且p值小于0.001。由以上指标可以发现，《潜质量表》具有很好的科学性和结构的完整性。

在此基础上，本研究分析了自然科学博士生科研潜质得分和自然科学博士生科研成就之间的相关性。一方面，各年级自然科学博士生科研潜质得分与其对应年级科研成就得分的皮尔森相关系数均大于0.9，说明各年级自然科学博士生的科研潜质得分与其对应年级科研成就得分两者间存在显著的正相关关系；另一方面，自然科学博士生科研潜质得分与年均科研成就得分之间关系的皮尔森相关系数为0.951，说明自然科学博士生科研潜质得分越高，其科研成就越高。

综上所述，问卷能够有效地测量自然科学博士生科研成就相关的科研潜质，可以作为自然科学博士生招生的筛选工具和自然科学博士生个性化教育的辅助评价工具。

（五）《潜质体系》在我国博士生个性化招生和培养中具有应用价值

基于本研究结果，笔者就现阶段自然科学博士生招生和个性化教育的发展提出如下建议。

（1）呼吁政府出台积极的支持政策，重视博士生潜质的评价及其在博士生个性化招生和培养中的应用。

首先，进一步明确自然科学博士生培养目标，加强招生中博士生潜质的评价的宣传。其次，制定相关政策，积极促进相关招生机构在博士生招生工作中使用博士生潜质评价工具。再次，增加投入，进一步研发和完善博士生潜质评价工具。最后，制定保障《潜质量表》在个性化教育培养中发挥甄别作用的相关政策，进一步加速构建校企、校地实践平台，构建以市场为导向，企业为主体，高等院校为技术支持，产学研相结合的新型科技创新体系和人才培养实践教学体系。

（2）积极促进博士生潜质评价工具在高校的使用。

在招生工作中，一方面，博士生培养单位应当在政府的主导下，建立和使用网上自然科学博士生招生的潜质评价平台，实现博士生招生的远程评价工作。另一方面，积极推进自然科学博士生潜质评价相关内容的完善。

在博士生个性化教育的实施中，一方面，高校应基于各科研潜质类型发展的实际内涵设立相应课程、开展相应讲座或提供相应学习机会等，促进每一类自然科学博士生科研潜质的发展。另一方面，应当完善相关制度，制定相关规范性文件，将自然科学博士生潜质评价列入博士生日常考核及毕业考核中，让《潜质量表》能够真正应用于博士生过程评价和质量评价之中，让《潜质量表》的评价结果，能够真正成为博士生导师实施培养和对博士生质量评价的重要依据。

（3）真正使博士生潜质评价工具，成为导师招生和培养学生的得力助手。

一方面，政府和学校，应当让导师在招生工作中，能真正体会自然科学博士生潜质评价工具的重要性，并在博士生招生过程中切实使用《潜质体系》来招收适合于科学研究的自然科学博士生。另一方面，在个性化教育的实施中，博士生导师能够恰当地运用自然科学博士生潜质评价量表并切实地让每一位自然科学博士生的科研潜质得到发挥和进步。

二、研究局限

1. 样本数量和样本代表性有待加强。

基于特质理论测量自然科学博士生科研潜质，并预测其未来成就是一项相对较新的尝试。由于受到人力、物力、财力等限制本研究采用了雪球抽样和方便采样的方法，可能存在样本代表性不足、抽样误差偏大等问题，影响研究结果的精确性。

2. 研究变量设计有待提高。

本研究的变量是通过词频分析工具对自然科学家相关文献进行提取，依照词义、词性以及语境进行主观归纳，之后经由针对性访谈和定量分析后得出的。尽管已尽量避免主观臆断，但受笔者人生阅历、性格偏好等潜在因素的影响，难免会在变量提取和设计的过程中产生一定主观性偏差，这种主观性偏差有待后续研究完善。

3. 研究结论的实际应用建议值得进一步挖掘。

尽管在研究过程中基于特质理论探索出了自然科学家和自然科学工作者的特质，并在此基础上建立了《自然科学博士生潜质评价指标体系》，也以此对自然科学博士生招生和个性化教育提出了若干建议。但是，由于笔者知识积累和现实经验的局限，部分观点叙述可能不够准确透彻，有待在未来研究中加强。

三、研究展望

1. 扩大样本范围，完善博士生潜质评价指标体系。

依照自然科学博士研究生潜质的测量方法，可以将其应用于社会科学博士生群体，进一步增强其普适性，最终得出适合整个博士生群体的科研潜质评价量表。

2. 科学利用博士生潜质评价指标体系，提高博士生招生和培养水平。

未来研究可以从《潜质体系》应用于博士生招生和培养工作的实际效果出发，进一步完善《潜质体系》，提高《潜质体系》实际应用层面的科学性，切实提高博士生招生和培养水平。

3. 建立博士生个性化招生与培养的制度化机制，保证博士生潜质评价工具有效使用。

未来研究可以进一步运用公共管理研究的相关理论和方法，从制度构建的角度建立博士生个性化招生与培养的制度化机制，保证博士生潜质评价工具特别是《潜质体系》的有效使用。

附录A

亲爱的老师：

您好！这份问卷共有80道题目，请仔细阅读每题后，选出最能代表您的状况的答案。答案无对错之分，您的回答仅做科研之用，请您按照问卷题目的顺序逐一回答，不要遗漏。

指导语：您好，请您根据下列叙述，看一看句中的内容与您的实际情况是否相符，并在恰当的数字上画"√"。

如果觉得"非常不符合"您的情况，请在"1"上画"√"

如果觉得"不符合" 您的情况，请在"2"上画"√"

如果觉得"无法确定" 您的情况，请在"3"上画"√"

如果觉得"符合" 您的情况，请在"4"上画"√"

如果觉得"非常符合"您的情况，请在"5"上画"√"

注：回答没有对错之分，请按照实际情况选择。

1.我时常感到学得越多未知越多

非常不符合　○1 ○2 ○3 ○4 ○5　非常符合

2.我喜欢探究不了解的事物

非常不符合　　○1 ○2 ○3 ○4 ○5　　非常符合

3. 我会对一些事物表示特别的注意

非常不符合　　○1 ○2 ○3 ○4 ○5　　非常符合

4. 我认为分析问题是创新的第一步

非常不符合　　○1 ○2 ○3 ○4 ○5　　非常符合

5. 我认为真理掌握在少数人手中

非常不符合　　○1 ○2 ○3 ○4 ○5　　非常符合

6. 对于权威的观点我能提出理性的、有创新性的观点

非常不符合　　○1 ○2 ○3 ○4 ○5　　非常符合

7. 我认为科学研究是有趣的

非常不符合　　○1 ○2 ○3 ○4 ○5　　非常符合

8. 兴趣是我行为的驱动力

非常不符合　　○1 ○2 ○3 ○4 ○5　　非常符合

9. 我是志愿从事科学研究的

非常不符合　　○1 ○2 ○3 ○4 ○5　　非常符合

10. 我最大的成就感源自科研成果的获得

非常不符合　　○1 ○2 ○3 ○4 ○5　　非常符合

11. "猜想"是未经证实的事实

非常不符合　　○1 ○2 ○3 ○4 ○5　　非常符合

12. 我对理论和抽象的观念很感兴趣

非常不符合　　○1 ○2 ○3 ○4 ○5　　非常符合

13. 我时常有"灵光一现"和"顿悟"

非常不符合　　○1 ○2 ○3 ○4 ○5　　非常符合

14. 我会依据我的感知迅速地对问题答案作出判断

非常不符合　○1 ○2 ○3 ○4 ○5　非常符合

15. 我能够找到问题的重点并以此进行研究

非常不符合　○1 ○2 ○3 ○4 ○5　非常符合

16. 对某个未知的领域/事物/问题我会一直探究下去

非常不符合　○1 ○2 ○3 ○4 ○5　非常符合

17. 我是不懂就问、不会就学的

非常不符合　○1 ○2 ○3 ○4 ○5　非常符合

18. 我会在研究时预设结论，并按照这个结论进行试验

非常不符合　○1 ○2 ○3 ○4 ○5　非常符合

19. 我做事一直有始有终

非常不符合　○1 ○2 ○3 ○4 ○5　非常符合

20. 我会字斟句酌考虑论文的言辞，以致有些苛刻

非常不符合　○1 ○2 ○3 ○4 ○5　非常符合

21. 我认为新事物是有趣的、多姿多彩的

非常不符合　○1 ○2 ○3 ○4 ○5　非常符合

22. 我认为严谨是我过去成就获得的重要因素之一

非常不符合　○1 ○2 ○3 ○4 ○5　非常符合

23. 我愿意多次检验科研结果的准确性并乐此不疲

非常不符合　○1 ○2 ○3 ○4 ○5　非常符合

24. 我常常考虑周全再行动

非常不符合　○1 ○2 ○3 ○4 ○5　非常符合

25. 我愿意尝试各种方式提升自身能力

非常不符合　○1 ○2 ○3 ○4 ○5　非常符合

26. 我会专门地对自己进行逻辑思维训练

非常不符合　○1 ○2 ○3 ○4 ○5　非常符合

27. 我非常重视外语能力，并且有特意地进行练习

非常不符合　○1 ○2 ○3 ○4 ○5　非常符合

28. 我会为一件事情付出长期的努力

非常不符合　○1 ○2 ○3 ○4 ○5　非常符合

29. 别人眼中的我是有毅力的

非常不符合　○1 ○2 ○3 ○4 ○5　非常符合

30. 我常常阅读其他学科的文献

非常不符合　○1 ○2 ○3 ○4 ○5　非常符合

31. 其他学科的知识总是能帮助我解决问题

非常不符合　○1 ○2 ○3 ○4 ○5　非常符合

32. 我一直有完成任务的决心

非常不符合　○1 ○2 ○3 ○4 ○5　非常符合

33. 我非常重视基础学科的学习

非常不符合　○1 ○2 ○3 ○4 ○5　非常符合

34. 我愿意了解学科大类内其他相关专业知识

非常不符合　○1 ○2 ○3 ○4 ○5　非常符合

35. 我常常关注社会科学和人文科学的知识

非常不符合　○1 ○2 ○3 ○4 ○5　非常符合

36. 我准确了解我所涉猎专业内的知识

非常不符合　○1 ○2 ○3 ○4 ○5　非常符合

37. 我时常阅读书籍、乐于学习

非常不符合　○1 ○2 ○3 ○4 ○5　非常符合

38. 我非常重视基础学科的学习

非常不符合　○1 ○2 ○3 ○4 ○5　非常符合

39. 我愿意了解学科大类内其他相关专业知识

非常不符合　○1 ○2 ○3 ○4 ○5　非常符合

40. 我常常阅读其他学科的文献

非常不符合　○1 ○2 ○3 ○4 ○5　非常符合

41. 我常常关注社会科学和人文科学的知识

非常不符合　○1 ○2 ○3 ○4 ○5　非常符合

42. 我认为相对结果而言效率更为重要

非常不符合　○1 ○2 ○3 ○4 ○5　非常符合

43. 我认为及时行乐是好的

非常不符合　○1 ○2 ○3 ○4 ○5　非常符合

44. 我常常有一个想法就会立刻去做，尽管有可能失败

非常不符合　○1 ○2 ○3 ○4 ○5　非常符合

45. 因为我工作效率很高，所以我常常在团队里承担更多的任务

非常不符合　○1 ○2 ○3 ○4 ○5　非常符合

46. 我在进行研究时按照严谨的科学步骤迅速执行

非常不符合　○1 ○2 ○3 ○4 ○5　非常符合

47. 我愿意坚持为社会进步做出贡献

非常不符合　○1 ○2 ○3 ○4 ○5　非常符合

48. 完美是我毕生追求的目标

非常不符合　○1 ○2 ○3 ○4 ○5　非常符合

49. 我常常因为某一工作牺牲自己休息时间

非常不符合　○1 ○2 ○3 ○4 ○5　非常符合

50. 我有顽强的意志力

非常不符合　○1 ○2 ○3 ○4 ○5　非常符合

51. 我能"坐得住板凳"

非常不符合　○1 ○2 ○3 ○4 ○5　非常符合

52. 我坚信"失败是成功之母"

非常不符合　○1 ○2 ○3 ○4 ○5　非常符合

53. 我在艰苦环境中仍能保持良好的心态进行研究

非常不符合　○1 ○2 ○3 ○4 ○5　非常符合

54. 我习惯用好坏（对错）来区分事物

非常不符合　○1 ○2 ○3 ○4 ○5　非常符合

55. 我能够虚心接受他人对我科研相关内容的反对意见

非常不符合　○1 ○2 ○3 ○4 ○5　非常符合

56. 我常常对过去的成果表现不满

非常不符合　○1 ○2 ○3 ○4 ○5　非常符合

57. 相对命令他人我更喜欢恳求他人

非常不符合　○1 ○2 ○3 ○4 ○5　非常符合

58. 我善于和他人沟通

非常不符合　○1 ○2 ○3 ○4 ○5　非常符合

59. 尽管有时感到厌烦，但我仍愿为他人伸出援手

非常不符合　○1.○2 ○3 ○4 ○5　非常符合

60. 我常常用极高的道德标准约束自己

非常不符合　○1 ○2 ○3 ○4 ○5　非常符合

61. 相对物质贫穷我更害怕精神贫穷

非常不符合　○1 ○2 ○3 ○4 ○5　非常符合

62. 某些外界刺激对我的影响较大

非常不符合　○1 ○2 ○3 ○4 ○5　非常符合

63. 我常常和他人交流观点

非常不符合　○1 ○2 ○3 ○4 ○5　非常符合

64. 我常常会因为分析某件事情忘记时间

非常不符合　○1 ○2 ○3 ○4 ○5　非常符合

65. 我习惯和他人共同完成任务

非常不符合　○1 ○2 ○3 ○4 ○5　非常符合

66. 求学过程中老师对自身影响很大

非常不符合　○1 ○2 ○3 ○4 ○5　非常符合

67. 我善于透过现象看到本质

非常不符合　○1 ○2 ○3 ○4 ○5　非常符合

68. 我常常对别人做出指导性建议

非常不符合　○1 ○2 ○3 ○4 ○5　非常符合

69. 我总能分辨出事物的区别

非常不符合　○1 ○2 ○3 ○4 ○5　非常符合

70. 如果外界或他人不受我的控制会让我感到不安

非常不符合　○1 ○2 ○3 ○4 ○5　非常符合

71. 我情绪总是稳定的，很难有事情让我情绪波动

非常不符合　○1 ○2 ○3 ○4 ○5　非常符合

72. 我认为担任学生职务对于内在能力有巨大的提升作用

非常不符合　○1 ○2 ○3 ○4 ○5　非常符合

73. 我有"打破砂锅问到底"的精神

非常不符合　○1 ○2 ○3 ○4 ○5　非常符合

74. 学生时期我一直是一个成绩优异的学生

非常不符合　○1 ○2 ○3 ○4 ○5　非常符合

75. 我曾在学生期间多次获得国家或命名奖学金

非常不符合　○1 ○2 ○3 ○4 ○5　非常符合

76. 我的休息日（双休日、节日）常常以工作度过

非常不符合　○1 ○2 ○3 ○4 ○5　非常符合

77. 我总能迅速地理解新事物，完成"是什么—怎么样—为什么"的思维过程

非常不符合　○1 ○2 ○3 ○4 ○5　非常符合

78. 我曾就读于知名高校

非常不符合　○1 ○2 ○3 ○4 ○5　非常符合

79. 我为学生时期我曾因重大科技突破获得过其他组织/个人表彰感到自豪

非常不符合　○1 ○2 ○3 ○4 ○5　非常符合

80. 我善于将客观对象的整体分解为若干部分进行研究

非常不符合　○1 ○2 ○3 ○4 ○5　非常符合

81. 相对于研究的广度而言我更重视研究的深度

非常不符合　○1 ○2 ○3 ○4 ○5　非常符合

82. 我常常因为思考一个问题而失眠

非常不符合　○1 ○2 ○3 ○4 ○5　非常符合

83. 物质是影响我生活质量的重要因素

非常不符合　○1 ○2 ○3 ○4 ○5　非常符合

84. 安静、舒适的工作环境对我并不重要

非常不符合　○1 ○2 ○3 ○4 ○5　非常符合

您的性别：

您所在的高校（科研院所）名称：

您所在学科（一级学科）的名称：

您以第一作者（或通讯作者）累计发表SCI/SSCI一区论文数

您以第一作者（或通讯作者）累计发表SCI/SSCI二区论文数

您以第一作者（或通讯作者）累计发表SCI/SSCI三区论文数

您以第一作者（或通讯作者）累计发表SCI/SSCI四区论文数

您的年龄：

您的工龄（从事学术研究工作的年数）：

您的职称：

附录B

TITLE: CFA

DATA: FILE is 科学家正式.dat;

VARIABLE:

    Names are Q01−Q80;

    Usevariables are Q57 Q67 Q58 Q41 Q37 Q66 Q42

        Q51 Q43 Q59 Q60 Q38 Q40 Q56

        Q39 Q27 Q16 Q48 Q49 Q50 Q76

        Q47 Q36 Q28 Q75 Q73 Q19 Q44

        Q08 Q07 Q09 Q06 Q10 Q20 Q29

        Q31 Q11 Q17 Q02 Q01 Q72 Q32

        Q05 Q53 Q65 Q61 Q62 Q69 Q34

        Q14 Q12 Q13 Q26;

ANALYSIS: Estimator=ML;

MODEL:

    factor1 by Q27 Q37 Q38 Q39 Q40 Q56 Q57 Q58

Q59 Q60 Q41 Q42 Q43 Q51 Q66 Q67;

factor2 by Q16 Q48 Q49 Q50 Q76 Q47 Q36 Q28

Q75 Q73 Q19 Q44;

factor3 by Q1 Q2 Q5 Q6 Q7 Q8 Q9 Q10 Q72;

factor4 by Q26 Q29 Q53 Q61 Q62 Q65 Q69;

factor5 by Q12 Q13 Q14 Q11 Q31 Q34 Q32;

附录C

亲爱的同学：

　　您好！这份问卷共有80道题目，请仔细阅读每题后，选出最能代表您的状况的答案。答案无对错之分，您的回答仅做科研之用，请您按照问卷题目的顺序逐一回答，不要遗漏。

　　指导语：您好，请您根据下列叙述，看一看句中的内容与您的实际情况是否相符，并在恰当的数字上画"√"。

　　如果觉得"非常不符合"您的情况，请在"1"上画"√"

　　如果觉得"不符合"您的情况，请在"2"上画"√"

　　如果觉得"无法确定"您的情况，请在"3"上画"√"

　　如果觉得"符合"您的情况，请在"4"上画"√"

　　如果觉得"非常符合"您的情况，请在"5"上画"√"

　　注：回答没有对错之分，请按照实际情况选择。

1.我常常考虑周全再行动

非常不符合　○1　○2　○3　○4　○5　非常符合

2.我会专门地对自己进行逻辑思维训练

非常不符合　○1 ○2 ○3 ○4 ○5　非常符合

3. 学生时期我一直是一个成绩优异的学生

非常不符合　○1 ○2 ○3 ○4 ○5　非常符合

4. 我是不懂就问、不会就学的

非常不符合　○1 ○2 ○3 ○4 ○5　非常符合

5. 我愿意尝试各种方式提升自身能力

非常不符合　○1 ○2 ○3 ○4 ○5　非常符合

6. 我认为新事物是有趣的、多姿多彩的

非常不符合　○1 ○2 ○3 ○4 ○5　非常符合

7. 我时常感到学得越多未知越多

非常不符合　○1 ○2 ○3 ○4 ○5　非常符合

8. 我喜欢探究不了解的事物

非常不符合　○1 ○2 ○3 ○4 ○5　非常符合

9. 我会对一些事物表示特别的注意

非常不符合　○1 ○2 ○3 ○4 ○5　非常符合

10. 我在艰苦环境中仍能保持良好的心态进行研究

非常不符合　○1 ○2 ○3 ○4 ○5　非常符合

11. 我能够虚心接受他人对我科研相关内容的反对意见

非常不符合　○1 ○2 ○3 ○4 ○5　非常符合

12. 我认为分析问题是创新的第一步

非常不符合　○1 ○2 ○3 ○4 ○5　非常符合

13. 我善于将客观对象的整体分解为若干部分进行研究内向思辨

非常不符合　○1 ○2 ○3 ○4 ○5　非常符合

14. 我能够找到问题的重点并以此进行研究

非常不符合　○1 ○2 ○3 ○4 ○5　非常符合

15. 我有顽强的意志力

非常不符合　○1 ○2 ○3 ○4 ○5　非常符合

16. 我能"坐得住板凳"

非常不符合　○1 ○2 ○3 ○4 ○5　非常符合

17. 我善于和他人沟通

非常不符合　○1 ○2 ○3 ○4 ○5　非常符合

18. 我常常和他人交流观点

非常不符合　○1 ○2 ○3 ○4 ○5　非常符合

19. 我常常对别人做出指导性建议

非常不符合　○1 ○2 ○3 ○4 ○5　非常符合

20. 因为我工作效率很高，所以我常常在团队里承担更多的任务

非常不符合　○1 ○2 ○3 ○4 ○5　非常符合

21. 对某个未知的领域/事物/问题我会一直探究下去

非常不符合　○1 ○2 ○3 ○4 ○5　非常符合

22. 我在进行研究时按照严谨的科学步骤迅速执行

非常不符合　○1 ○2 ○3 ○4 ○5　非常符合

23. 我常常有一个想法就会立刻去做，尽管有可能失败

非常不符合　○1 ○2 ○3 ○4 ○5　非常符合

24. 我会为一件事情付出长期的努力

非常不符合　○1 ○2 ○3 ○4 ○5　非常符合

25. 别人眼中的我是有毅力的

非常不符合　○1 ○2 ○3 ○4 ○5　非常符合

26. 我一直有完成任务的决心

非常不符合　　○1 ○2 ○3 ○4 ○5　　非常符合

27. 我认为严谨是我过去成就获得的重要因素之一

非常不符合　　○1 ○2 ○3 ○4 ○5　　非常符合

28. 我愿意多次检验科研结果的准确性并乐此不疲

非常不符合　　○1 ○2 ○3 ○4 ○5　　非常符合

29. 我认为科学研究是有趣的

非常不符合　　○1 ○2 ○3 ○4 ○5　　非常符合

30. 兴趣是我行为的驱动力

非常不符合　　○1 ○2 ○3 ○4 ○5　　非常符合

31. 我是志愿从事科学研究的

非常不符合　　○1 ○2 ○3 ○4 ○5　　非常符合

32. 我最大的成就感源自科研成果的获得

非常不符合　　○1 ○2 ○3 ○4 ○5　　非常符合

33. 我时常阅读书籍、乐于学习

非常不符合　　○1 ○2 ○3 ○4 ○5　　非常符合

34. 我非常重视基础学科的学习

非常不符合　　○1 ○2 ○3 ○4 ○5　　非常符合

35. 我做事一直有始有终

非常不符合　　○1 ○2 ○3 ○4 ○5　　非常符合

36. 我认为担任学生职务对于内在能力有巨大的提升作用

非常不符合　　○1 ○2 ○3 ○4 ○5　　非常符合

37. 对于权威的观点我能提出理性的、有创新性的观点

非常不符合　　○1 ○2 ○3 ○4 ○5　　非常符合

38. 我善于透过现象看到本质

非常不符合　○1 ○2 ○3 ○4 ○5　非常符合

39. 我总能迅速地理解新事物，完成"是什么—怎么样—为什么"的思维过程

非常不符合　○1 ○2 ○3 ○4 ○5　非常符合

40. 尽管有时感到厌烦，但我仍愿为他人伸出援手

非常不符合　○1 ○2 ○3 ○4 ○5　非常符合

41. 我习惯用好坏来区分事物

非常不符合　○1 ○2 ○3 ○4 ○5　非常符合

42. 我常常用极高的道德标准约束自己

非常不符合　○1 ○2 ○3 ○4 ○5　非常符合

43. 我愿意坚持为社会进步做出贡献

非常不符合　○1 ○2 ○3 ○4 ○5　非常符合

44. 我准确了解我所涉猎专业内的知识

非常不符合　○1 ○2 ○3 ○4 ○5　非常符合

45. 我总能分辨出事物的区别

非常不符合　○1 ○2 ○3 ○4 ○5　非常符合

46. 我有"打破砂锅问到底"的精神

非常不符合　○1 ○2 ○3 ○4 ○5　非常符合

47. 安静、舒适的工作环境对我并不重要

非常不符合　○1 ○2 ○3 ○4 ○5　非常符合

48. 我为学生时期我曾因重大科技突破获得过其他组织/个人表彰感到自豪

非常不符合　○1 ○2 ○3 ○4 ○5　非常符合

49. 如果外界或他人不受我的控制会让我感到不安

非常不符合　　○1　○2　○3　○4　○5　　非常符合

50. 完美是我毕生追求的目标

非常不符合　　○1　○2　○3　○4　○5　　非常符合

51. 我常常阅读其他学科的文献

非常不符合　　○1　○2　○3　○4　○5　　非常符合

52. 我愿意了解学科大类内其他相关专业知识

非常不符合　　○1　○2　○3　○4　○5　　非常符合

您的性别：

您所在的高校（科研院所）名称：

您所在学科（一级学科）的名称：

您以第一作者（或通讯作者）累计发表SCI/SSCI一区论文数

您以第一作者（或通讯作者）累计发表SCI/SSCI二区论文数

您以第一作者（或通讯作者）累计发表SCI/SSCI三区论文数

您以第一作者（或通讯作者）累计发表SCI/SSCI四区论文数

您的年龄：

您的年级：

附录D

TITLE: CFA

DATA: FILE is 自然科学博士生.dat;

VARIABLE:

      Names are Q01–Q53;

      Usevariables are Q1 Q2 Q3 Q4 Q5 Q6 Q7 Q8 Q9

              Q10 Q11 Q12 Q13 Q14 Q15 Q16

              Q17 Q18 Q19 Q20 Q21 Q22 Q23

              Q24 Q25 Q26 Q27 Q28 Q29 Q30

              Q31 Q32 Q33 Q34 Q35 Q36 Q37

              Q38 Q39 Q40 Q41 Q42 Q43 Q44

              Q45 Q46 Q47 Q48 Q49 Q50 Q51

              Q52 Q53;

ANALYSIS: Estimator=ML;

MODEL:

      factor1 by Q1 Q2 Q3 Q4 Q5 Q6 Q7 Q8 Q9 Q10

              Q11 Q12 Q13 Q14 Q15 Q16;

factor2 by Q17 Q18 Q19 Q20 Q21 Q22 Q23 Q24

Q25 Q26 Q27 Q28 Q29 Q30;

factor3 by Q31 Q32 Q33 Q34 Q35 Q36 Q37 Q38 Q39;

factor4 by Q40 Q41 Q42 Q43 Q44 Q45 Q46;

factor5 by Q47 Q48 Q49 Q50 Q51 Q52 Q53;